Vorwort

Liebe Leserin, lieb

so abwechslungsrei noch nie! Die Compact Lernstories spannendes Lesevergnügen mit dem bewährten didaktischen Konzept der Compact Lernlektüren. Effektiv unterhaltsam!

Trainieren und festigen Sie mit den vier Kurzgeschichten ganz nebenbei Ihre Sprachkenntnisse. Vokabelerklärungen und Infokästen unterstützen Sie beim Lesen der französischen Originaltexte und mit den textbezogenen Übungen zu Wortschatz und Grammatik können Sie Ihr Wissen effektiv testen und trainieren.
Oder möchten Sie Hörverstehen und Aussprache verbessern? Dann lassen Sie sich die Geschichten doch einfach vorlesen, die erste Geschichte liegt als Hörbuch auf Mini-CD bei!

Sprachenlernen ganz individuell – wo und wann Sie wollen! Die Compact Lernstories mit Lernniveau B1 sind das ideale Medium für einen Lernerfolg im Selbststudium. Durch die kleinen Texteinheiten, den hohen Übungsanteil, die Zeilennummerierung und die Diskussionsfragen zu jeder Geschichte sind sie aber auch als Unterrichtslektüre bestens geeignet.

Viel Spaß und Erfolg beim
spannend Französisch lernen!

Zu diesem Buch

Taxi !

Dem gestressten Geschäftsmann Gérard ist nichts so wichtig wie seine Arbeit. Als ihn eine berufliche Niederlage einholt und er droht, seinen Job zu verlieren, erkennt er, dass das Leben noch viel mehr zu bieten hat!

Doubles vies

Romain schreibt unter einem Pseudonym Liebesromane für einen Pariser Verlag. Als der Geschäftsführer des renommierten Hauses eine Lesereise mit dem beliebten Autor plant, wird ein Double für Romain gesucht. Dieser ist von der Idee zunächst alles andere als begeistert ...

Partie de cache-cache

Welcher vierzehnjährige Junge wünscht sich nicht, einmal unsichtbar zu sein? Antoine gerät auf rätselhafte Weise in eine solche Situation, muss aber bald erkennen, dass Unsichtbarsein nicht nur Vorteile mit sich bringt ...

Dernière mise au point

Unheimliche Geräusche in der Nacht, eine geheimnisvolle alte Kamera und seltsame Botschaften aus dem Nichts ... Der Umzug in ein altes Haus mit Garten entpuppt sich für Valentine zu einer mysteriösen Reise in die Vergangenheit.

Lernstories Französisch

Ça bouge !

Marc Blancher
Tim Pirard

compact

Chefredaktion: Evelyn Boos
Redaktion: Marie Frey
Fachkorrektur: Mireille Schauwecker
Typografischer Entwurf: EKH Werbeagentur GbR, textum GmbH
Umschlaggestaltung: EKH Werbeagentur GbR
Titelabbildung: www.shutterstock.com, Anatoli Styf

ISBN: 978-3-8174-9213-8
381749213/1

www.compactverlag.de

Table des matières

Hinweise zur Benutzung

Aufbau des Bandes

Die vier spannenden Lernstories in diesem Band können völlig unabhängig voneinander gelesen werden. Jeder Geschichte ist eine kurze Einleitung vorangestellt, die den Einstieg in die Handlung erleichtert und die wichtigsten Personen vorstellt. Schwierige Wörter sind im Text farbig markiert und werden direkt auf der Seite erklärt, sodass Sie jederzeit flüssig weiterlesen können. Bei Bedarf können alle Begriffe nochmals im Glossar am Ende des Buches nachgeschlagen werden.
Durch die bewährte Kombination aus unterhaltsamer Lektüre und didaktisch auf das Lernniveau B1 abgestimmten und in den Text integrierten Übungen trainieren Sie Wortschatz und Grammatik ganz nebenbei. So wird Lernen effektiv! Im Anschluss an jede Geschichte finden Sie Fragen zum Text, die zum Nachdenken und Diskutieren anregen. Mit dem gemeinsamen Abschlusstest im Anhang können Sie auf unterhaltsame Weise das Gelernte wiederholen und Ihren Lernerfolg überprüfen.

Dem Buch liegt eine Mini-CD bei, auf der die erste der vier Kurzgeschichten vertont ist. Alle anderen Geschichten können Sie ganz einfach auf unserer Internetseite unter www.compactverlag.de/download-92138 herunterladen. Das Passwort dazu finden Sie auf der CD-Hülle. So können Sie sich die Lernstories jederzeit von Muttersprachlern vorlesen lassen und mühelos und ganz entspannt Ihr Hörverstehen verbessern.

Auf unserer Internetseite steht außerdem erweitertes Arbeitsmaterial zum Download für Sie bereit.

Fremdsprachenlernen mit Kurzgeschichten

Kurzgeschichten eignen sich besonders gut zum Sprachenlernen: Die Handlung ist klar strukturiert und auf das Wesentliche konzentriert; meist wird ein sehr kurzer Zeitabschnitt in chronologischer Reihenfolge erzählt. So kann man den Text in einem Rutsch lesen und inhaltliche Zusammenhänge leichter begreifen.
In den Geschichten geht es um Begebenheiten, die für den Protagonisten konfliktreich und von großer emotionaler Bedeutung sind. Schon mit dem ersten Satz werden Sie unmittelbar in die Geschichte hineingezogen, die spannende Handlung motiviert zum Weiterlesen. So erweitern Sie mühelos Ihre Sprachkenntnisse und erfahren ganz nebenbei auch einiges über das Land, in dem die Geschichte spielt. Formal zeichnet sich die Kurzgeschichte vor allem durch ihre Skizzenhaftigkeit aus - statt ausführlicher Beschreibungen wird vieles nur angedeutet oder durch Symbole dargestellt. Oft bleibt auch das Ende offen oder überrascht mit einer unerwarteten Wendung.
Compact Lernstories regen dazu an, sich eigene Gedanken zu machen und diese in der Fremdsprache auszudrücken. Hierzu bieten die vertiefenden Interpretationsfragen im Anschluss erste Anstöße.

Tipps zur Lektüre und Interpretation

Vorbereitung

Lesen Sie sich zunächst die Einleitung und die Beschreibung der handelnden Personen durch. Können Sie einen Zusammenhang zum Titel herstellen? Nun haben Sie schon eine Vorstellung davon, worum es in der Geschichte geht. Versuchen Sie sich die Situation genauer vorzustellen: Wo spielt sich die Handlung ab? Wer ist beteiligt? Sie werden sehen, wenn Sie jetzt den ersten Satz lesen, fällt Ihnen der Einstieg in die Geschichte ganz leicht. Sollten Sie trotz der Vokabelangaben im Buch nicht ganz flüssig durch einen Absatz kommen, lesen Sie einfach weiter - nicht immer muss man jedes einzelne Wort verstehen, um den Inhalt zu begreifen.

Hörverstehen

Mit der beiliegenden Mini-CD und den drei weiteren Vertonungen, die im Internet für Sie bereitstehen, können Sie Ihr Hörverstehen trainieren. Ob begleitend zur Lektüre oder im Anschluss daran, der Lerneffekt ist garantiert. Wollen Sie Ihr Hörverstehen besonders intensiv trainieren, so hören Sie sich noch vor der ersten Lektüre der Geschichte die Vertonung an. Lesen Sie ruhig vorher die kurze Einleitung im Buch, das erleichtert Ihnen das Verständnis. Vielleicht schaffen Sie es ja sogar, einige der Interpretationsfragen zur Geschichte zu beantworten, ohne den Text gelesen zu haben?

Interpretation
Einige Fragen haben Sie schon beim Lesen für sich beantwortet. Nun haben Sie die Möglichkeit, mithilfe der Fragen im Anschluss an jede Geschichte den Text noch detaillierter zu betrachten. Einige Fragen sind generell hilfreich zur Interpretation von Kurzgeschichten: Welche Erzählperspektive wählt der Autor und warum hat er sie als passend empfunden? Gibt es Rück- oder Ausblicke? Welche sprachlichen Besonderheiten fallen auf? Ist das Ende der Geschichte überraschend, hätten Sie einen anderen Ausgang erwartet? Gibt es eine zentrale Aussage? Sind verschiedene Deutungen denkbar?
Machen Sie sich klar, welche Textstellen am wichtigsten sind. Wodurch liefert der Autor entsprechende Informationen? Manchmal sind es Kleinigkeiten, die sehr bedeutsam sein können: ein Blick, ein Wort, ein Gegenstand ... Markieren Sie die entsprechenden Textstellen einfach im Buch! So lernen Sie nach und nach, auch in einem fremdsprachlichen Text die Feinheiten zu erkennen und zwischen den Zeilen zu lesen.

Taxi !

Marc Blancher

En voyage d'affaires à Paris, Gérard, qui ne vit que pour son travail, arrive en pleine grève générale. Il doit prendre un taxi pour aller à son rendez-vous et se fait voler son téléphone portable à la gare ! Pour la première fois de sa carrière, il rate son rendez-vous et passe la nuit chez Juliette, la conductrice du taxi qu'il a pris pour rouler dans Paris. Gérard s'entend très bien avec Juliette et sa petite fille. Le lendemain, Gérard doit rentrer à Strasbourg et expliquer à son chef ce qui s'est passé. Gérard monte dans le train, mais... Il semble que Gérard ne soit plus le même depuis cette journée !

Gérard : homme d'affaires de quarante ans, originaire de Strasbourg. Il travaille pour un grand fabricant de jouets et ne vit que pour son travail.

Juliette : conductrice de taxi antillaise du même âge, travaillant à Paris. Élève seule sa petite fille, Clara.

Clara : fille de Juliette, amusante et curieuse, âgée de six ans.

« Mesdames et Messieurs, nous arrivons à Paris, gare de l'Est. Paris, gare de l'Est, terminus de ce train. Tous les voyageurs sont invités à descendre. »

Quand l'annonce retentit, Gérard est déjà prêt à sortir. Il regarde rapidement sa montre et actionne le bouton pour ouvrir la porte. Il est très stressé. Son TGV est parti de Strasbourg avec quinze minutes de retard à cause de la grève générale qui a commencé ce matin. Derrière lui, les autres passagers ont eux aussi l'air pressés. Dès que la porte est ouverte, Gérard saute sur le quai avec son attaché-case.

retentir	ertönen
actionnner	*hier*: betätigen
grève *f*	Streik
quai *m*	*hier*: Bahnsteig
attaché-case *m*	Aktenkoffer

Exercice 1 : Conjuguez. Lesen Sie weiter und konjugieren Sie die Verben im Präsens!

Gérard **1.** avoir ____________ quarante ans. Cela fait bientôt quinze ans qu'il **2.** travailler ____________ dans la même entreprise : il **3.** s'agir ____________ d'une grande entreprise internationale qui **4.** fabriquer ____________ des jouets. Gérard **5.** trouver ____________ son travail passionnant : il **6.** voyager ____________ dans toutes les villes de France pour convaincre d'éventuels acheteurs que ses jouets sont intéressants.

Alors qu'il passe devant un guichet installé au milieu du hall de la gare, il entend l'employé du guichet dire à une vieille dame :
« Je suis désolé, mais aucun métro ne circule aujourd'hui. »

Gérard sursaute : il avait prévu de se rendre à son rendez-vous d'affaires en métro.
« Tant pis, se dit-il, je vais prendre un taxi, car il faut absolument que j'arrive à l'heure. »
Quelques instants plus tard, il apparaît sur le parvis de la gare de l'Est et là, malheur ! Plus aucun taxi à l'horizon ! Gérard a environ quarante-cinq minutes pour arriver à son rendez-vous à La Défense. En taxi, c'est possible mais… Il y a beaucoup de bouchons à cause de la grève !
« Taxi ! »

guichet *m*	*hier*: Fahrkartenschalter
employé de guichet *m*	Schalterbeamter
sursauter	aufschrecken
parvis *m*	Vorplatz
bouchon *m*	Stau
compteur *m*	*hier*: Taxameter
crépu	kraus
chignon *m*	Dutt
rondouillard	rundlich
file *f*	(Warte-)Schlange

Exercice 2 : Supprimez l'intrus. Welches Wort ist das „schwarze Schaf"? Unterstreichen Sie!

1. métro ticket conducteur montre
2. bouchon chauffeur conduire voiture
3. station gare train wagon
4. Parisien Lyonnais Londonien Niçois

Une grosse dame derrière lui vient de faire signe à un taxi qui arrive sur la gauche. Le taxi revient de course, vide.

« J'ai besoin d'un taxi pour la journée.

– Désolée, Madame, mais c'est impossible. »

Pour Gérard, c'est l'idéal. Sans hésiter, il se met à courir et passe devant la grosse dame. Lorsque le taxi s'arrête, il monte à l'arrière et dit simplement au chauffeur :

« À La Défense, vite ! »

Le chauffeur de taxi démarre après avoir mis son **compteur** en marche. Gérard n'a pas pris le temps de regarder ce conducteur… qui est en fait une conductrice ! De taille moyenne, la peau noire, les cheveux **crépus** et ramassés en **chignon**, quelque peu **rondouillarde**. Elle lui adresse un large sourire :

« Ce n'est pas un bon jour pour venir à Paris, n'est-ce pas ? »

Gérard, plongé[i] dans ses pensées, ne fait pas attention.

« Je m'appelle Juliette, ajoute-t-elle, ou Juju. »

Et Juliette montre fièrement le panneau « JUJU » dans le bas du pare-brise de son taxi.

« Vous ne pouvez pas aller plus vite, s'il vous plaît ? »

À ces mots, Juliette sourit et lui montre d'un geste de la main les **files** de voitures autour du taxi.

> **i** Die Wendung *être plongé dans ses pensées* bedeutet, dass jemand ganz auf seine Gedanken konzentriert ist und nichts um sich herum wahrnimmt. Das Verb *plonger* heißt „tauchen" oder „eintauchen" und wird hier bildlich verwendet.

« Volontiers, mais ma voiture n'est pas un avion. »

Gérard ignore la remarque de Juliette et s'énerve :

« Je ne dois pas être en retard ! »

Juliette l'a entendu et elle demande :

« Vous avez un rendez-vous important ? Elle s'appelle… ?

– Vous voulez dire « il s'appelle… » ? la corrige Gérard.

– Vous êtes là pour affaires ? Vous travaillez dans quoi ?

– Les jouets. »

Juliette éclate alors de rire.

« Est-ce que je peux savoir ce qui vous fait rire ?

– Si vous allez parler de jouets, ça ne peut pas être un rendez-vous aussi important. »

Exercice 3 : Complétez. Lesen Sie weiter und ergänzen Sie den Text mit den richtigen Präpositionen!

au | en | pour | de | pour | des

1. ______ Gérard, son travail est plus important que tout et il n'aime pas qu'on se moque **2.** ______ lui. Apparemment, cette conductrice de taxi ne le prend pas **3.** ______ sérieux.

« Savez-vous, Madame, **4.** ______ combien s'élève le marché mondial du jouet **5.** ______ euros?

- Sans doute beaucoup, car je sais qu'ils sont très chers.

- Vous achetez **6.** ______ jouets? s'étonne Gérard.

- Au fait, c'est Mademoiselle, corrige Juliette. Et oui, j'achète des jouets, Monsieur. »

À cet instant, Juliette et Gérard sont tous les deux **agacés**. Plus le temps passe, plus Gérard perd patience, car le taxi n'avance presque pas. C'est une véritable catastrophe : Gérard risque de perdre un client important et son chef va être furieux. Il faut absolument qu'il appelle le client pour le prévenir de son retard. Il cherche donc son téléphone portable dans les poches de son costume. Première poche, deuxième poche : rien. Poche intérieure : rien. Attaché-case : pas de portable.

« Mais enfin, qu'est-ce que j'ai fait de mon portable ? » se demande-t-il à voix haute.

Juliette devient alors très sérieuse et lui dit :

« Est-ce que quelqu'un vous a **bousculé** à la gare ? »

Gérard cherche toujours dans ses poches et n'écoute pas.

« Je vous demande si quelqu'un vous a bousculé à la gare ! insiste-t-elle.

– Pourquoi me demandez-vous cela ? »

Juliette pousse un long et profond soupir avant de sourire du coin des lèvres.

« Encore un touriste victime des **pickpockets**.

– Vous voulez dire qu'on m'a volé mon portable ? Mais enfin, ce n'est pas possible, je...

– Vous n'êtes pas le premier et vous ne serez certainement pas le dernier.

– **Faites demi-tour** ! » lui crie soudainement Gérard.

Juliette le regarde dans le **rétroviseur**, surprise.

« Faites demi-tour, je vous dis ! Il faut qu'on retourne à la gare ! »

jouet *m*	Spielzeug
éclater de rire	in Gelächter ausbrechen
agacer	auf die Nerven gehen
bousculer	anrempeln
pickpocket *m/f*	Taschen-dieb(in)
faire *irr* **demi-tour** *m*	umkehren
rétroviseur *m*	*hier*: Innen-spiegel

La conductrice ne semble pas vouloir réagir.
« Je vous paierai votre course le double du prix normal, si vous voulez. Mais je vous en prie, faites demi-tour !
– Je voudrais bien, lui répond Juliette toujours avec le sourire, mais comment est-ce que je fais ? »
Elle montre à Gérard qu'ils sont toujours bloqués.
« Ce n'est pas vrai ! crie ce dernier. C'est un cauchemar !
– Ce sont des choses qui arrivent tous les jours. »

Exercice 4 : Contraires. Ordnen Sie die Begriffe ihren Gegenteilen zu!

1. ☐ en retard	**a)** la victime
2. ☐ le coupable	**b)** tous les jours
3. ☐ jamais	**c)** faire demi-tour
4. ☐ continuer tout droit	**d)** à l'heure

Près d'une heure plus tard, Juliette dépose Gérard à La Défense, le grand quartier d'affaires à l'ouest de Paris. Gérard veut payer avant d'aller à son rendez-vous, mais Juliette lui dit :
« Vous ne préférez pas que j'attende ? »

Un quart d'heure plus tard, Gérard est de retour : il a l'air effondré.
« Il est parti en déplacement. Il ne pouvait plus attendre. Mon Dieu, c'est la première fois en quinze ans

cauchemar *m*	Albtraum
effondré	niedergeschlagen
partir *irr* en déplacement	*hier*: einen Geschäftstermin außerhalb haben

de carrière que je rate un rendez-vous ! Qu'est-ce que je vais bien pouvoir dire à mon chef, moi ? Il faut que je rentre à la gare, ramenez-moi, s'il vous plaît !
– Vous avez encore une heure à perdre ? »

Exercice 5 : Les verbes. Lesen Sie weiter und setzen Sie die richtig konjugierten Verben ein!

dire | déposer | se présenter | aller

Il est plus de midi lorsque Gérard **1.** ________ à un guichet de la gare de l'Est. Entre-temps, tout est vide : il **2.** ________ au bureau des objets trouvés puis au poste de police, mais personne n'a **3.** ________ son téléphone portable. Et au guichet, on lui **4.** ________ qu'il n'y a plus de train jusqu'à demain.

Perdu, Gérard sort de la gare et retrouve Juliette qui attend patiemment dans son taxi, en tête de file.
« Je vous emmène quelque part ? » lui demande-t-elle, toujours avec le sourire.
Gérard réfléchit quelques instants :
« Vous connaissez un bon hôtel pas trop cher ?
– Un hôtel ? À Paris ? En pleine grève ? Sans avoir réservé ? Vous rêvez ! On voit que vous n'êtes pas d'ici !
– Mais qu'est-ce que je vais faire, moi ? s'écrie Gérard.

– Écoutez, si vous voulez, je peux vous **héberger**, moi.

– Vous ? Mais…

– Oui, moi. » insiste Juliette.

Gérard affiche une mine **renfrognée** et ne semble pas décidé à accepter.

« C'est comme vous voulez. Moi, je fais cela pour vous rendre service : c'est chez moi ou bien la rue. Je vous assure que vous ne trouverez pas une seule chambre de libre dans toute la ville. »

héberger *irr*	beherbergen
renfrogné	mürrisch
agiter	schütteln, schwenken
chevelure *f*	Haar
puce	*hier*: Mäuschen
enfiler	anziehen

Gérard doit accepter. Il n'aime pas du tout dépendre des gens. Mais il n'a pas le choix.

« Très bien, très bien, j'accepte. »

Lorsque la porte de l'appartement s'ouvre, c'est une fillette d'environ six ans qui apparaît.

« Vous êtes qui, vous ? Vous êtes le Père Noël ? »

Tout d'abord surpris, Gérard ne sait quoi répondre. L'enfant le fixe maintenant de ses larges yeux couleur noisette et **agite** sa **chevelure**.

« Bonjour, **ma puce** ! dit Juliette.

– Maman ! »

La fillette s'est jetée dans les bras de sa mère.

« C'est qui, le monsieur ?

– C'est Gérard, un ami de maman. »

Gérard est touché que Juliette parle de lui comme de son ami. Il n'a pas beaucoup d'amis car il passe sa vie au travail.

Tandis qu'elles entrent, Gérard les suit après avoir refermé la porte de l'appartement derrière lui. Nous sommes dans un immeuble du Xe arrondissement de Paris, non loin de la gare de l'Est, il est près de quatorze heures. Dans la cuisine, une femme dans les âges de Gérard **enfile** sa veste et prend son sac-à-main.

« Juliette, je… Ah ? Bonjour, je suis Nadine, une amie de Juliette, et vous êtes… ?

– Gérard, un ami. »

Exercice 6 : Décrire quelqu'un. Kreuzen Sie die richtige Antwort an!

1. Ils peuvent être bleus, marron ou verts:

a) ☐ les cheveux

b) ☐ les yeux

2. Elle peut être joyeuse ou triste:

a) ☐ la mine

b) ☐ la tête

3. Elle peut être crépue:

a) ☐ la coiffure

b) ☐ la chevelure

4. Il peut être long:

a) ☐ le pied

b) ☐ le nez

Tandis que Juliette raccompagne Nadine à la porte, Clara se retourne vers Gérard.

« J'ai faim.

– Moi aussi, lui répond-il en riant.

– Ma maman va nous préparer quelque chose, et c'est une très bonne cuisinière. »

Juliette revient maintenant dans la cuisine du petit appartement, toute **encombrée**.

« Ne faites pas attention au **désordre** ! crie-t-elle à Gérard. Vous pouvez vous installer dans le salon pendant que je cuisine. Je pense que vous devez vous aussi avoir faim. »

Pendant que Juliette continue de lui parler, Gérard est entré dans le salon. Il y **règne** un immense chaos ! Partout sur le sol, il y a des jouets qui traînent et la table est recouverte de feuilles de papier avec des dessins d'enfant. Gérard les pousse **avec précaution** pour s'installer.

« Vous avez le **wifi** ?

– Je n'ai même pas le téléphone fixe !

– Je vois, murmure Gérard dans un soupir, c'est sans espoir. »

Une demi-heure plus tard, ils passent[i] à table. Gérard ne parle pas beaucoup, car il ne se sent pas encore très à l'aise. C'est la petite Clara qui parle le plus : elle a six ans et va à l'école du quartier. Sa meilleure amie

encombré	*hier*: vollgestellt
désordre *m*	Unordnung
régner	herrschen
avec précaution	vorsichtig
wifi *m*	W-LAN
vue *f* **aérienne**	Luftansicht
embarrasser qn	jmd. in Verlegenheit bringen
débarrasser	*hier*: abräumen
frimousse *f*	Gesichtchen

i Das Verb *passer* kann vielfältig verwendet werden:
passer voir qn – „bei jmd. vorbeischauen"
passer l'aspirateur sur qc – „etw. staubsaugen"
passer un examen – „eine Prüfung ablegen"
passer à table – „sich an den Tisch setzen"

s'appelle Aïcha. Elle va dans la même école qu'elle et habite au premier étage de l'immeuble. Elle aimerait beaucoup aller à La Martinique rendre visite à sa grand-mère : elle montre du doigt à Gérard la grande photo affichée dans le salon. La photo est une vue aérienne de la ville de Saint-Pierre.

« Vous êtes un nouveau papa ? »

La question embarrasse beaucoup Gérard qui répond :

« Non, je suis seulement un ami de ta maman. Tu n'as pas de papa ?

– Non, il est parti quand j'étais toute petite. »

Exercice 7 : Devinette. Finden Sie die passenden Begriffe und enträtseln Sie das Lösungswort!

1. Gérard est arrivé à Paris en □ _ _ _ _.
2. Clara est une □ _ _ _ _ _.
3. Juliette est originaire de _ _ □ _ _ _ _ _ _ _ _ _ _.
4. L'histoire se déroule à □ _ _ _ _.
5. Gérard est toujours □ _ _ _ _ _ _.

Lösung: _ _ _ _ _

Juliette a préparé des pâtes qui sont excellentes et Gérard la remercie. L'après-midi, il se remet au travail. Juliette lui a débarrassé la table et il peut ressortir son ordinateur portable et ses catalogues. Au bout d'une heure, il remarque une frimousse à l'entrée de la pièce : la petite Clara l'observe.

« Qu'est-ce que tu fais ?

étonnamment	überraschenderweise
fournir	beliefern
lutin *m*	Kobold, Wichtelmännchen
dessiner	zeichnen
soulever *irr*	*hier*: hochheben
faire *irr* **la sieste**	einen Mittagsschlaf machen
affolé	in Panik, panisch

– C'est mon travail. »

La voix de Gérard est **étonnamment** douce. Clara aime beaucoup cet homme à l'air très sérieux.

« Tu travailles avec des jouets ? »

La petite est maintenant debout à côté de Gérard.

« Oui, c'est moi qui les **fournis** aux mag… au Père Noël.

– C'est vrai ? Tu travailles avec le Père Noël ?

– Plutôt avec ses assistants, il a des **lutins** dans toute la France. »

Ce disant, Gérard se surprend à sourire.

« Est-ce que je peux m'asseoir à côté de toi pour **dessiner** ?

– Bien sûr. Viens-là ! »

Et Gérard **soulève** la petite Clara pour l'installer sur une chaise à côté de lui.

« Ta maman est partie ? lui demande-t-il.

– Non, elle **fait la sieste** dans sa chambre parce qu'elle a commencé le travail tôt ce matin. »

Lorsque Juliette se réveille, des éclats de rire lui parviennent depuis le salon. Il est déjà presque vingt heures ! **Affolée**, elle se lève et court dans le salon. Gérard et Clara rient. Ils regardent les catalogues de Gérard.

« Je suis désolée, murmure Juliette, je me suis endormie.

– Pas de problème, nous avons fait les courses. »

Juliette, contente de ne pas avoir à préparer le dîner, s'installe donc et ils mangent tous les trois. Cette fois-ci, tout le monde parle et le repas dure longtemps. Après avoir mis Clara au lit,

Juliette revient dans le salon et donne des draps et une couverture à Gérard.
« J'ai entendu à la radio que la grève a cessé : vous aurez un train demain matin. Je peux vous ramener à la gare.
– Volontiers, oui, merci.

Exercice 8 : Passé composé. Setzen Sie die Verbformen ins Passé composé!

1. Elle s'endort ______________________
2. Nous nous levons ______________________
3. Ils se préparent ______________________
4. Elles se mettent ______________________
5. Je me couche ______________________
6. Tu te laves ______________________

– Ma fille vous aime beaucoup… Euh… Bonne nuit !
– Bonne nuit ! »
Le lendemain matin, juste avant dix heures, ce sont Juliette et Gérard qui accompagnent Clara à l'école maternelle.
« Tu dis au revoir à Gérard, ma puce.
– Pourquoi ? Il s'en va ? »
Clara a l'air très triste et demande à Gérard :
« Je peux te faire un bisou ?

drap *m*	Bettlaken
cesser	aufhören
école *f* maternelle	Vorschule (in Frankeich für Kinder zwischen 2–3 und 6 Jahren)
faire *irr* un bisou à qn	jmd. einen Kuss geben

– Bien sûr ! »

Dix minutes plus tard, c'est Gérard qui descend du taxi de Juliette sur le parvis de la gare de l'Est.

« Vous savez, lui dit-elle en l'embrassant sur les deux joues, si vous revenez, je vous préparerai un colombo, c'est une spécialité de La Martinique. »

rallumer	*hier*: wieder-einschalten
publicité *f*	Werbung
portefeuille *m*	Brieftasche

Gérard la remercie et entre dans la gare : il commence par prendre un billet.

Une fois dans le train, Gérard veut **rallumer** son portable pour appeler son chef. Mais zut ! Il n'a plus de portable ! Il pousse un soupir et jette un coup d'œil à travers la fenêtre du wagon : c'est alors qu'il découvre presque la même photo que celle qu'il a vue[i] chez Juliette. Il s'agit d'une **publicité** pour une agence de voyages et on peut y lire : « BESOIN DE VACANCES ? CHOISISSEZ LA MARTINIQUE ! »

> **i** Steht das mit *avoir* konjugierte Partizip nach dem direkten Objekt, so wird es in Genus (Geschlecht) und Numerus (Zahl) angepasst:
> **J'ai pris une décision.**
> **La décision que j'ai prise est bonne.**

C'est alors que retentit l'annonce :

« Mesdames et Messieurs, notre train va partir, attention à la fermeture automatique des portes, attention au départ… ! »

Gérard glisse son **portefeuille** dans la poche de sa veste, ramasse ses affaires, quitte son siège et saute sur le quai.

Questions à propos du texte

1. Quelle est la raison de vivre de Gérard ?

2. Pourquoi est-il encore plus stressé que d'habitude ?

3. Pourquoi Gérard ne remarque-t-il pas que le chauffeur est une femme ?

4. Pourquoi Nadine garde-t-elle Clara ?

5. Qu'en pensez-vous ? Est-ce dangereux de laisser Clara toute seule avec un étranger pour faire la sieste ?

6. Qu'auriez-vous fait à la place de Gérard ?

7. À votre avis, qu'est-ce qui s'est passé dans la tête de Gérard ?

8. Que croyez-vous que va faire Gérard ?

9. Écrivez/racontez à quoi pense Gérard quand il s'endort sur le canapé de Juliette. Écrivez/racontez également à quoi pense Juliette.

10. À la place de Gérard, auriez-vous pu prendre une telle décision ?

Doubles vies

Marc Blancher

Romain est malheureux depuis la disparition de sa femme, il y a trois ans. Il écrit des romans d'amour qui rencontrent un grand succès, une véritable thérapie pour lui. Pour rester discret et parce que les livres se vendent mieux ainsi, Romain publie sous un pseudonyme de femme. Il écrit pour une grande maison d'édition. Un jour, le directeur de la maison d'édition, monsieur Durand, décide de lancer une grande tournée de promotion du nouveau livre de Romain. Puisque le public croit que l'auteur est une femme, il engage une jeune étudiante comme doublure. Puis les choses suivent leur cours...

Romain : jeune auteur de romans d'amour de trente ans environ. Malheureux depuis la disparition de sa femme, il veut rester dans l'anonymat.

Érica : jeune auteur en herbe de vingt ans engagée par monsieur Durand pour être la doublure de Romain.

Daniel : lecteur de Romain, travaille dans la maison d'édition de monsieur Durand.

Monsieur Durand : directeur d'une grande maison d'édition parisienne qui publie les œuvres de Romain.

« Est-ce que tu sais pourquoi il veut me voir ? »

Romain fixe avec attention son lecteur, Daniel.

« Aucune idée ! Tu sais, avec lui, il est toujours difficile de savoir. »

C'est alors que Daniel frappe à une porte sur laquelle on peut lire : « JÉRÔME DURAND – DIRECTEUR ». Nous sommes dans les bureaux des « Livres de Paris », une grande maison d'édition parisienne.

« Ah, mon cher Romain, vous êtes là ! Bonjour ! Comment allez-vous ? »

Comme toujours, Jérôme Durand porte un très élégant costume noir et une cravate assortie. Il se lève pour serrer la main de Romain puis celle de Daniel.

« Mais installez-vous, je vous en prie… »

Romain est méfiant : il n'aime pas du tout Jérôme Durand, qui ne s'intéresse qu'à l'argent. Le directeur des « Livres de Paris » observe avec attention son meilleur auteur : Romain a environ trente ans, les cheveux châtain clair en bataille, de petits yeux noisette cerclés de fines lunettes. Il est de grande taille et maigre. Il a toujours l'air soucieux. Mais peu importe : ses romans d'amour se vendent comme des petits pains et c'est cela le plus important.

lecteur *m*	(Verlags-)Lektor
maison *f* d'édition	Verlag(shaus)
assorti	zueinander passend, aufeinander abgestimmt
méfiant	misstrauisch
en bataille	zerzaust (Haar)
cerclé	umrandet

« Si je vous ai demandé de venir, mon cher Romain, c'est parce que je souhaite vous parler de mon nouveau projet.

– Ah… ?

– Vous savez sans doute que vous êtes l'un des meilleurs auteurs de notre maison. »

À ces mots, Daniel tape sur l'épaule de Romain en signe d'admiration. L'écrivain, lui, ne semble pourtant pas vraiment très enthousiaste. Jérôme Durand poursuit sa présentation :
« Et le public demande à connaître Lise Bourlin.
– Mais, Monsieur Durand, intervient alors Daniel, Lise Bourlin n'existe pas.
– Justement, reprend le directeur, il faut que cela change. »
Il **appuie** alors sur un bouton et dit à sa secrétaire :
« Faites-la entrer, je vous prie. »

Exercice 1 : Pronoms personnels. Lesen Sie weiter und ergänzen Sie den folgenden Textabschnitt mit dem passenden Pronomen!

je vous ils elle

Quelques instants plus tard, une ravissante jeune femme blonde d'une vingtaine d'années fait son entrée.

1. ______ a l'air très **extravertie**.

« Entrez, Mademoiselle, je **2.** ______ en prie, entrez. »

Romain et Daniel sont très surpris.

3. ______ ne comprennent pas ce que Jérôme Durand veut dire.

« Romain, **4.** ______ vous présente Érica. »

Sans aucun enthousiasme, Romain serre la main de la jeune femme.

« Moi, c'est Daniel, précise ce dernier. Je... »

Mais Érica ne lui sert que brièvement la main avant d'aller s'installer entre Romain et lui, face à Jérôme Durand.

« Pour la **réédition** de votre dernier roman, Romain, nous avons décidé de mettre votre photo, enfin je veux dire la photo de Lise Bourlin, sur la **quatrième de couverture**. Et j'ai choisi Érica, qui est stagiaire chez nous depuis le mois dernier, pour être Lise Bourlin. Notre service marketing a...

– Je vous arrête tout de suite, le coupe Romain, je ne fais et ne ferai pas de publicité. Je veux continuer à vivre tranquillement.

– Aucun problème, c'est justement pour respecter vos attentes que j'ai fait appel à Érica. C'est une brillante étudiante en troisième année de **Licence** de littérature générale et comparée à l'université Sorbonne – Paris IV. Elle a en outre fait du théâtre : elle pourra donc sans problème jouer le rôle de Lise Bourlin lors de la grande tournée qui va commencer la semaine prochaine.

appuyer *irr*	drücken
extraverti	extrovertiert
réédition *f*	Neuauflage
quatrième *f* de couverture	Buchrückseite
Licence *f*	Bachelor

– Et... ? Et Romain dans tout cela ? demande alors Daniel.

– Vous nous accompagnerez tous les deux. Nous débutons la tournée lundi soir avec une réception à la mairie du XIVe arrondissement. Lise Bourlin est l'invitée d'honneur de Monsieur le Maire. » ajoute Jérôme Durand.

Le directeur des « Livres de Paris » a l'air très fier de lui. Daniel est très surpris et Romain ne réagit pas. Érica observe avec attention l'homme qui se cache derrière Lise Bourlin, auteur du livre aux meilleures ventes de l'année.

« Je connais vos œuvres par cœur, lui dit-elle fièrement.
– Ah… ? Tant mieux ℹ… »
Peu après, Daniel discute avec Érica :
« N'en veuillez pas à Romain, lui dit-il, depuis la **disparition** de sa femme, c'est un autre homme.
– Sa femme a disparu ?
– Oui, il y a trois ans.
– Trois ans ? Mais c'est cette année-là que Lise Bourlin a…
– …écrit son premier roman, oui, en effet, **intervient** alors Jérôme Durand. Le malheur et la **souffrance** sont d'incroyables moteurs pour la création artistique. Bien, sur ce, je m'excuse, j'ai un rendez-vous avec l'**imprimeur**. Je vous dis à lundi. »

disparition *f*	Verschwinden
intervenir *irr*	einhaken, sich einmischen
souffrance *f*	Leiden
imprimeur *m*	(Buch-)Drucker
faire *irr* **ressortir**	hervorheben, unterstreichen
chevelure *f*	Haar

Devant l'hôtel de ville du XIVe arrondissement de Paris, c'est le grand ballet des voitures : tout le monde de la littérature est présent.

Exercice 2 : Supprimez l'intrus. Welches Wort ist das „schwarze Schaf"? Unterstreichen Sie!

1. éditeur lecteur chauffeur auteur
2. licence permis mastère doctorat
3. docteur maire député conseiller général
4. littérature biologie économie football

C'est dans une de ces voitures avec chauffeur qu'arrivent Érica, Romain, Daniel et Jérôme Durand. Nous sommes lundi soir et il est près de vingt heures. Érica porte une magnifique robe de soirée rouge qui **fait ressortir** sa **chevelure** dorée et ses yeux d'un bleu **étincelant**.

> **i** Die Wendungen *tant mieux* (umso besser) und *tant pis* (schade/macht nichts) kommen im gesprochenen Französisch sehr häufig vor:
> **J'ai oublié mes clés. Tant pis, je vais sonner à la porte. Tant mieux si mon mari est à la maison.**

C'est elle qui descend la dernière de voiture, sous les applaudissements. Quelques flashes **crépitent**.

« Elle est magnifique, **bégaie** Daniel, qui est tombé sous le charme de la jeune femme.
– Belle et intelligente, ajoute Jérôme Durand.
– Tu n'es pas d'accord ? »
Romain se contente de **détourner** les yeux. Apparemment, il n'a pas du tout envie de discuter de cette jeune femme qui joue le rôle de Lise Bourlin.
« Et en plus, ajoute Jérôme Durand tandis qu'ils montent les marches, elle écrit. »
À ces mots, Romain tourne la tête.
« Elle écrit ?
– Oui, et même si ses **écrits** manquent encore un petit peu de **maturité**, ils sont **prometteurs**. Sans doute votre **successeur**, mon cher Romain ! »

étincelant	glänzend
crépiter	*hier*: prasseln
bégayer *irr*	stottern, stammeln
détourner	abwenden
écrit *m*	Schrift, Schrifterzeugnis
maturité *f*	Reife
prometteur	vielversprechend
successeur *m/f*	Nachfolger(in)

Exercice 3 : Corrigez. Lesen Sie weiter und korrigieren Sie die sechs Fehler im folgenden Absatz!

La soirée commençe par un long discours du maire qui parles des mérites d'une jeune auteure « qui a su réinventé le roman d'amour ». Puis c'est à la tour d'Érica de prendre la parole en lisant le petit discours de remerciement que Romain a rédigée. Enfin arive la séance de **dédicace**, après deux interviews.

1. ____________ 2. ____________

3. ____________ 4. ____________

5. ____________ 6. ____________

Il est près de vingt-deux heures lorsque le buffet est enfin ouvert. C'est là qu'Érica et Romain se retrouvent par hasard. La jeune femme l'a aperçu et s'est approchée de lui.

« Le **discours** que vous avez écrit était très bien, lui dit-elle.

– Merci.

– Vous ne m'aimez pas beaucoup, n'est-ce pas ?

– Cela n'a rien à voir avec vous, c'est tout ce cirque que je n'aime pas. La seule chose qui me plaît, c'est d'écrire.

– C'est pareil pour moi, lui répond-elle.

– Pourquoi faites-vous cela, alors ?

– Pour payer mes études, lui répond-elle.

– Qu'est-ce que vous écrivez ? »

Romain s'est tourné de côté et ils sont maintenant face à face. Jusqu'alors, l'éclat des yeux d'Érica lui avait échappé. Ils brillent de mille feux en le regardant. Ils dégagent autant d'admiration que d'intérêt.

La jeune Érica sait qu'elle doit répondre correctement à cette question.

« La même chose que vous... Je... Je suis désolée pour votre femme et...

– Qui vous en a parlé ?

– C'est Daniel et...

– Il faudra que[i] je lui parle, à celui-là.

– Personnellement, je trouve qu'il a eu raison. Si je dois être vous, je dois pouvoir penser comme vous.

i Die Wendung *il faut que* erfordert immer den Subjonctif:
J'y vais. - Il faut que j'y **aille.**
Tu comprends. - Il faut que tu **comprennes.**

– Penser comme moi ? »

Daniel a **haussé le ton**.

« Comment est-ce que vous pouvez prétendre savoir ce que je pense et ce que je ressens ? Votre chat a disparu, ou quoi ?

– Non, mon père, il y a dix ans. J'en avais dix... »

dédicace *f*	Widmung
discours *m*	Ansprache, Rede
hausser le ton	die Stimme heben, lauter werden
être *irr* **mal à l'aise**	sich unwohl (in seiner Haut) fühlen
regretter	bedauern
s'emporter	ausrasten
Ce n'est rien.	Ist schon gut.

Romain **est** maintenant très **mal à l'aise** et **regrette** de **s'être emporté**.

« Je vous prie de m'excuser.

– **Ce n'est rien**, vous ne pouviez pas savoir. Mais vous ne devriez pas juger les gens aussi vite. »

Exercice 4 : Vrai ou faux ? Welche Aussagen sind korrekt? Markieren Sie mit richtig * oder falsch - !

1. L'auteur des romans d'amour à succès est une femme. ☐
2. Romain déteste les médias. ☐
3. Daniel est l'assistant de Romain. ☐
4. Érica travaille pour financer ses études. ☐

Minuit approche lorsque Jérôme Durand se lance à la recherche de son auteur fétiche, Lise Bourlin, c'est-à-dire Érica. Daniel et lui ont déjà cherché dans toute la salle de réception mais sans succès. Tandis que Daniel descend sur le parvis, Jérôme Durand décide de regarder du côté du balcon et là… Il découvre Érica en grande discussion avec Romain.
« Excusez-moi, dit-il d'un ton sévère, mais je crois que Mademoiselle Bourlin est attendue en bas. »

Quelques jours plus tard, c'est un Romain en colère qui interroge Jérôme Durand :
« Vous l'avez mise à la porte ? » crie-t-il.
Daniel est avec lui et essaie de le calmer.
« Romain, je t'en prie. »
Jérôme Durand affiche un sourire arrogant et dit :
« Je n'étais pas satisfait de sa prestation de lundi soir. C'est pour cette raison que j'ai engagé Christine, qui donnera une toute autre image de vous et de votre travail. Christine, s'il vous plaît ! »

Exercice 5 : Combinez. **Welche der folgenden Begriffe gehören zusammen? Ordnen Sie zu!**

1. ❒ Personne qui publie des livres	a) le correcteur
2. ❒ Personne qui vérifie l'orthographe des livres	b) le romancier
3. ❒ Personne qui écrit des livres	c) le libraire
4. ❒ Personne qui vend des livres	d) l'éditeur

Une femme d'une trentaine d'années, en tous points semblable à Érica, fait alors son entrée, vêtue d'un élégant tailleur de couleur grise. « Je suis vraiment ravie de vous rencontrer, dit-elle à Romain de sa voix nasillarde.

fétiche	Lieblings-
parvis *m*	Vorplatz
mettre *irr* à la porte	vor die Tür setzen
afficher	*hier*: zeigen
prestation *f*	Darbietung, Leistung
nasillard	näselnd
tiroir *m*	Schublade
comme un éclair	blitzschnell

– J'en ai assez, murmure Romain, énervé.
– Réfléchis, lui dit alors Daniel, tu ne vas pas…
– Érica était parfaite, et…
– Écoute, intervient Daniel, tu…
– Laisse tomber ! s'exclame Romain. Cette fois-ci, c'est décidé, j'arrête. D'ailleurs, je n'aurais jamais dû t'écouter ! J'aurais mieux fait de laisser mes manuscrits dans le tiroir de mon bureau ! »
Et Romain quitte subitement le bureau comme un éclair.

Exercice 6 : Les verbes. Lesen Sie weiter und konjugieren Sie die Verben richtig!

« Ah bravo, Daniel, **1.** s'exclamer __________ alors Jérôme Durand, vous **2.** voir __________ ce que vous avez fait ?

- Moi... ? Mais... Monsieur Durand, je...

- **3.** se taire __________ , tout cela, c'est votre faute, c'est vous qui m'avez présenté Romain, non ? Et voilà le résultat !

- C' **4.** être __________ quand même votre meilleur auteur, objecte Daniel.

- *C'était*, Daniel, *c'était* mon meilleur auteur ! »

Six mois ont passé. Romain a repris son emploi de professeur de français dans un lycée de banlieue parisienne. Il rentre chez lui ce jeudi lorsque son téléphone sonne. C'est Daniel. Ils ne se sont plus parlé depuis que Romain a arrêté d'écrire pour les « Livres de Paris » et que Jérôme Durand ne veut plus entendre parler de lui. Romain n'est pas très aimable avec Daniel. Mais ce dernier veut absolument qu'ils se voient et il lui donne rendez-vous le vendredi soir dans une petite librairie du XVIIIe arrondissement de Paris où il doit assister à une séance de dédicace. Romain hésite puis accepte finalement : il aime bien Daniel et veut se réconcilier avec lui. Lorsque Romain arrive, il reconnaît Christine, sa nouvelle doublure, qui se fait toujours passer pour Lise Bourlin. L'auteur fictive a publié un nouveau roman.

« C'est pour me faire voir cela que tu m'as fait venir ? demande-t-il à Daniel.

– En quelque sorte. Je voulais juste te donner un exemplaire du nouveau roman de Lise Bourlin. Il est sorti hier. Voilà. Je te conseille de le lire. »

Exercice 7 : Devinette. Finden Sie die passenden Begriffe und enträtseln Sie das Lösungswort!

1. Romain est un célèbre □ _ _ _ _ _.
2. Il publie des _ _ □ _ _ _.
3. Daniel est son _ _ _ _ _ □ _ .
4. La femme de Romain a mystérieusement _ _ _ _ _ _ □.
5. Érica est engagée comme _ _ _ _ _ _ _ □ _.

Lösung: _ _ _ _ _

Le soir venu, Romain est allongé sur son lit et il ouvre enfin le nouveau roman signé Lise Bourlin. L'histoire commence par le naufrage d'un navire marchand au large des côtes de Madagascar et continue lorsqu'on annonce à la fille d'un des marins, âgée de dix ans, que son père a disparu.

naufrage *m*	Schiffbruch
navire *m* marchand	Handelsschiff

« Érica ! » s'exclame-t-il simplement.

Le lendemain soir, il a rendez-vous avec Daniel dans un petit restaurant du quartier latin, un restaurant grec. C'est là que Romain allait toujours dîner avec sa femme avant qu'elle ne disparaisse.

« Bonsoir ! lui dit Daniel en entrant. Tu as lu le livre ?

– Toute la nuit, oui, et je...

– Tiens ! Regarde qui voilà... »

Érica vient de faire[i] son entrée. Quelques journalistes l'accompagnent.

Romain a le dernier roman de Lise Bourlin entre les mains.

« Érica, c'est maintenant toi qui... ?

– Oui, c'est bien moi.

– Tu as quelques minutes ?

– Le temps de répondre aux questions. »

Peu après, Érica est installée en face de Romain et ils discutent. Daniel, quant à lui, a quitté le restaurant **le cœur léger** : il est très fier de ce qu'il a réussi à faire.

Trois mois plus tard, Érica et Romain arrivent main dans la main au siège des Éditions Daniel : il a en effet **démissionné** et créé sa propre petite maison d'édition pour publier les romans qu'Érica et Romain écrivent **à quatre mains**.

« Plus de pseudonyme, plus de **faux-semblants**, explique-t-il fièrement à ses deux amis. Si tout va bien, votre premier roman sortira dans deux mois et sous vos deux noms. Pour les titres **précédents**, je suis en train de négocier

> **i** Die Wendung *venir de faire qc* bedeutet, dass jemand etwas gerade eben getan hat:
> **Nous venons de laver la voiture. Wir haben gerade das Auto gewaschen.**

le cœur léger	erleichtert
démissionner	kündigen
à quatre mains	zweihändig
faux-semblant	falscher Schein
fièrement	stolz
précédent	vorhergehend
céder *irr*	*hier*: überlassen

avec Durand pour en racheter les droits : je pense qu'il va être heureux de pouvoir me les **céder** car les « Livres de Paris » ne vont pas bien depuis vos départs successifs : il n'a pas réussi à vous remplacer.

– Comment est-ce que tu sais tout cela, toi ? lui demande Érica avec curiosité.

Exercice 8 : Synonymes. Kreuzen Sie die richtige Antwort an!

1. Un synonyme de «être publié»:

   a) ☐ apparaître

   b) ☐ paraître

2. Un synonyme de «romancier»:

   a) ☐ facteur

   b) ☐ auteur

3. Un synonyme de «auteur»:

   a) ☐ écrivain

   b) ☐ écriteur

4. Un synonyme de «avoir du succès»:

   a) ☐ rencontrer du succès

   b) ☐ être successif

– C'est Christine qui me l'a dit. Elle travaille maintenant pour moi. »

C'est à cet instant précis que le téléphone portable de Romain sonne.

« Oui ? dit-il en décrochant. Qui ? Bien, passez-le moi. » Sous le regard étonné d'Érica et de Daniel, Romain écoute son interlocuteur avec attention. Lorsqu'il raccroche, il est blême.

blême	blass
retrouver la trace de qn	jmd. aufspüren

« C'était un lieutenant de police... On a retrouvé la trace de ma femme. »

Questions à propos du texte

1. Pourquoi Romain ne publie-t-il pas sous son propre nom ?
2. Pourquoi monsieur Durand a-t-il décidé d'engager une doublure pour Romain ?
3. Qu'est-il arrivé à la femme de Romain ?
4. Quel est le rapport entre la disparition de la femme de Romain et le personnage de Lise Bourlin ?
5. Pour quelles raisons Érica joue-t-elle les doublures ?
6. À votre avis, pourquoi monsieur Durand a-t-il renvoyé Érica ?
7. Pourquoi Romain a-t-il abandonné l'écriture ?
8. À votre avis, qu'est-ce que Romain va apprendre de la bouche du lieutenant de police ?
9. Si vous étiez Romain, comment réagiriez-vous à sa place ?
10. D'après vous, que va faire Romain ?

Partie de cache-cache

Tim Pirard

Pouvoir voler ? Pouvoir lire dans les pensées ? Pouvoir passer à travers les murs ou disparaître d'un moment à l'autre ? Tous les enfants rêvent d'avoir un super-pouvoir.
Antoine se réveille un matin avec une impression bizarre. Il va découvrir que les pouvoirs extraordinaires ont aussi des mauvais côtés imprévus...

Antoine : jeune garçon intelligent qui aime parfois – comme tous les garçons de son âge – faire des bêtises. Depuis quelques jours il est malade et doit rester au lit.

La mère d'Antoine : est toujours très inquiète pour son fils. Elle le prend parfois un peu pour un bébé, et ça énerve Antoine.

Le père d'Antoine : travaille toute la journée. Mais il aime beaucoup Antoine, lui aussi.

« Allez, allez, ce n'est pas la mer à boire, dit gentiment la mère d'Antoine, c'est pour ton bien, ce sont des plantes. » Antoine prend la tasse et boit en faisant la grimace. Cette **tisane** a un nom bizarre. Son goût est aussi mauvais que son odeur. Mais peut-être que la fièvre perturbe ses sens. Aujourd'hui il est moins malade qu'hier, mais cela fait trois jours qu'il est au lit. Au début, il était bien content de ne pas aller au collège, mais maintenant, il trouve le temps long : il aimerait bien pouvoir aller jouer un peu avec ses copains, s'il ne se sentait pas aussi faible.

« Demain, je dois retourner au travail, lui explique sa mère. Tu sais que je n'ai pas le droit de rester plus de trois jours à la maison. Tu seras tout seul jusqu'à 17 heures. J'ai mis à manger pour toi dans le **frigo**, tu **feras réchauffer** au **four à micro-ondes**. Bonne nuit mon ange. », conclut sa mère en l'embrassant sur le front.

Antoine n'aime pas que sa mère le prenne pour un bébé et qu'elle lui explique tout. Mais il l'embrasse aussi, et il s'endort immédiatement.

À son **réveil**, Antoine se sent déjà beaucoup mieux : il a l'impression d'être plus léger. Il regarde sa montre : il est 10 heures. Il a dormi longtemps. Il se lève doucement et descend dans la cuisine. Sur la table, sa mère a laissé un petit mot : « Le lait est dans le **frigo**. Bonne journée. Ta maman ».

« Comme si je ne savais pas où se trouve le lait ! », **soupire** Antoine.

tisane *f*	Kräutertee
faire *irr* réchauffer	wieder aufwärmen
four *m* à micro-ondes	Mikrowelle
réveil *f*	Erwachen
frigo *m*	Kühlschrank
soupirer	seufzen

Exercice 1 : Comparatifs. Bilden Sie Komparativsätze mit *moins... que* (-), *plus... que* (+) und *aussi... que* (=)!

Exemple: (=) mauvais / son goût son odeur

<u>Son goût est aussi mauvais que son odeur.</u>

1. (+) petit / Antoine ... sa mère

   ____

2. (+) gentil / sa mère ... son père

   ____

3. (-) malade / aujourd'hui Antoine ... avant

   ____

4. (=) ennuyeux / être malade d'aller à l'école

   ____

bousculer	anrempeln, umstoßen
poussette *f*	Kinderwagen
renverser qn en marchant	jmd. umrennen
agiter	schütteln

Il prend son petit-déjeuner, sa douche, et comme il se sent vraiment mieux, il décide de sortir. Le soleil brille et il a besoin d'un peu d'air. Son voisin est dans le jardin.

« Bonjour M. Meunier, crie Antoine. Vous allez bien ? »

Le voisin ne répond rien, ce qui étonne Antoine : il est toujours très aimable habituellement.

Antoine marche rapidement dans la rue pour aller dans le parc. Un monsieur qui marche dans le sens contraire passe près de lui et le bouscule presque. Il ne s'excuse même pas. Et puis c'est une jeune femme avec sa poussette qui le renverse en marchant. On dirait que les gens ne le voient pas.
« Vous pourriez faire attention ! » hurle Antoine. Mais la maman ne se retourne pas.
« Mais ils ne m'entendent pas ou quoi ? » se demande Antoine.

Antoine entre ensuite dans une boulangerie. Il a toujours un peu d'argent de poche, et il voudrait s'acheter quelques bonbons. Il ouvre une boîte et prend quelques fraises, puis trois chewing-gums. Il se dirige vers la caisse. Il connaît bien la boulangère.
« Bonjour Madame Ponge, dit-il. Pas de réponse. Madame Ponge, vous m'entendez ? Antoine agite sa main qui tient les bonbons. Madame Ponge, je veux acheter ce sac de bonbons ! »

Exercice 2 : Les adverbes. Bilden Sie jeweils das richtige Adverb zum Adjektiv in Klammern!

1. Il prend son petit déjeuner (lent) ____________________.
2. Il se lave (rapide) ____________________.
3. Le voisin lui répond (froid) ____________________ .
4. Il traverse la rue (dangereux) ____________________.
5. On le bouscule (accidentel) ____________________.
6. Il marche (silencieux) ____________________.

Toujours aucune réponse. Au dessus de la caisse, il y a un miroir pour surveiller les voleurs quand madame Ponge est dans l'arrière-cuisine. Antoine n'en croit pas ses yeux : il ne peut pas se voir dans le miroir ! Il bouge dans tous les sens, mais il semble vraiment être invisible. Mieux encore : les bonbons qu'il tient dans la main le sont eux aussi. Il les pose doucement sur le comptoir et d'un seul coup, madame Ponge les prend en disant : « Tiens, un client a oublié ses bonbons. Je vais les ranger. »

Antoine commence à comprendre : il fait un autre test. Il prend un croissant[i] et le mange directement sous les yeux de la boulangère : elle ne réagit pas. Ça veut donc dire qu'Antoine est vraiment invisible, et que tout ce qu'il touche l'est aussi pour les autres.

> **i** Das Wort *croissant* ist genau genommen das Partizip Präsens zum Verb *croître* („wachsen", „gedeihen", „zunehmen"). So wie der Teig des Hörnchens im Ofen wächst, nimmt auch der Mond am französischen Himmel zu (*lune croissante*).

« C'est formidable ! » pense-t-il en allant se servir d'un autre sac de bonbons. Il sort dans la rue et se dirige vers un magasin de jouets.

Mais en traversant la route sur le passage piéton, une voiture lui fonce droit dessus, et il l'évite de justesse en courant vers le trottoir. C'est dangereux !
« Je dois faire attention, se dit-il, mon pouvoir a des bons et des mauvais côtés. »

surveiller	überwachen
voleur *m*	Dieb
comptoir *m*	Tresen, Theke
passage *m* piéton	Fußgängerüberweg
foncer *irr* droit dessus à qn	in jmd. hineinrasen
éviter qn de justesse	jmd. gerade noch ausweichen können
rayon *m*	(Verkaufs-) Regal

Exercice 3 : Voix passive. Setzen Sie die folgenden Sätze ins Passiv!

1. La boulangère surveille sa boutique.

2. Un client achète des croissants.

3. La boulangère ne voit pas Antoine.

4. Antoine a volé des bonbons.

5. Antoine a mangé un croissant.

6. Antoine n'a pas payé les bonbons.

À l'intérieur du magasin de jouets, Antoine se sent comme au paradis. Il se dirige directement vers le **rayon** où il y a les **consoles de jeu** et prend le paquet d'une console portable. Il se met dans un coin du magasin et enlève l'**emballage**. Personne ne le voit. Il prend soin de cacher l'em-

console *f* de jeu	Spielkonsole
emballage *m*	Verpackung
lâcher	loslassen

ballage vide parce que dès qu'il lâche un objet, celui-ci devient visible. Il s'assied dans un coin et joue pendant de longues heures sans être dérangé. Personne ne le regarde, personne ne s'occupe de lui. Il peut même crier de joie quand il gagne une course de kart ou qu'il bat un ennemi : personne ne l'entend.

Exercice 4 : Traduisez. Finden Sie im folgenden und im vorherigen Abschnitt die Übersetzung der untenstehenden Wörter!

1. Fähigkeit ______________________________
2. darauf achten, etwas zu tun ______________________________
3. verstecken ______________________________
4. Lautsprecher ______________________________
5. sich beschäftigen ______________________________
6. feststellen ______________________________

Mais toutes les bonnes choses ont une fin et quand les haut-parleurs annoncent qu'il est 19 heures et que le magasin va bientôt fermer, Antoine panique un peu en pensant que ses parents doivent l'attendre. Ils vont être bien étonnés d'entendre toutes ses aventures.

Mais quand il arrive à la maison, elle est vide. Il n'y a pas de bruit, et la voiture de son père n'est pas dans le garage. Peut-être que ses parents sont allés faire des courses. C'est un peu étonnant qu'ils ne se soient pas inquiétés de ne pas voir Antoine. Mais cela veut peut-être dire aussi que ses parents **le considèrent comme** un grand garçon maintenant, capable de s'occuper tout seul. En voyant la table de la cuisine, Antoine s'aperçoit qu'il a un peu faim. Normalement, sa mère aurait préparé un **repas équilibré**. Ce soir, pas de légumes ! À la place, une bonne tartine de chocolat. Il se met à table et se sert **généreusement** en chocolat, avec un grand verre de soda. Un vrai **délice** ! Mais au bout de quelques minutes seul dans le silence, Antoine commence à s'inquiéter. Il est tard, et ses parents devraient déjà être rentrés.

considérer *irr* qn comme qc	jmd. als etwas betrachten
repas *m* équilibré	ausgewogene Mahlzeit
généreusement	großzügig
délice *m*	Köstlichkeit, Leckerbissen

Exercice 5 : Quand ou si ? Unterstreichen Sie die jeweils richtige Konjunktion!

1. Quand / si Antoine rentre tard, ses parents vont s'inquiéter.
2. Quand / si Antoine était petit, il n'avait pas le droit de sortir seul.
3. Quand / si il fait une bêtise, personne ne va le voir.
4. Quand / si Antoine rentre de l'école, il mange du chocolat.

Tout à coup, il entend un bruit à l'étage. Il monte. Sa mère est dans sa chambre et elle pleure, assise sur son lit, un téléphone à la main. Il entre dans la chambre et il comprend soudain que pour sa mère aussi il est invisible ! Il n'avait pas pensé à cela, il était sûr que sa propre mère pourrait le voir. Il essaie de lui parler, mais elle ne l'entend pas. Peut-être que son père... À ce moment-là, une voiture **se gare** devant la maison. Sa mère se lève de son lit, **essuie** rapidement ses larmes en **étalant** un peu de maquillage. Elle descend les escaliers à toute vitesse sans faire attention à Antoine. Il la **suit**.

Son père entre dans le **salon**.
« Alors ? » demande sa mère.
« Rien, répond son père, j'ai cherché partout, je ne l'ai vu nulle part. J'ai parcouru toute la ville. Il n'y a presque personne dans les rues, s'il avait été là, je l'aurais vu. Je ne sais pas où il est. »
La mère se jette dans les bras de son mari et dit :
« J'ai appelé la police, ils vont arriver. »
La police ! pense Antoine. La situation est vraiment grave alors. Il faut faire quelque chose, mais comment ? Ses parents pensent sans doute qu'il a **fait une fugue**, ou pire, qu'il a été **enlevé**. Antoine crie très fort :
« Je suis là ! Est-ce que vous m'entendez ? Je suis juste à côté de vous ! Je suis invisible depuis ce matin ! »
Mais rien à faire, ils ne l'entendent pas.
Antoine a alors une idée. Il peut essayer de leur écrire. Il monte dans sa chambre et s'assoit à la petite table qui lui sert de bureau. Il prend son cahier d'école et un crayon. Il commence

se garer	parken
essuyer *irr*	wegwischen
étaler	verstreichen
suivre *irr* qn	jmd. folgen
salon *m*	Wohnzimmer
faire *irr* une fugue	ausreißen
enlever *irr*	entführen

à écrire, mais malheureusement dès qu'il les touche, le crayon et l'encre sont eux aussi invisibles. Impossible alors de laisser un message.

Il pense aussitôt à autre chose : peut-être qu'on ne peut pas le voir et l'entendre en même temps. Mais si par exemple il téléphone à ses parents en étant dans une autre pièce, peut-être que ça marchera. Il sait qu'il y a une vieille cabine téléphonique dans la rue, près de la maison. Ses parents vont regretter d'avoir dit qu'il était trop jeune pour avoir un téléphone portable. Ce serait pourtant bien utile.

encre *f*	Tinte
pièce *f*	Raum, Zimmer
utile	nützlich
se moquer	sich lustig machen
démodé	veraltet
composer	*hier*: wählen
décrocher	den Hörer abnehmen

Antoine redescend au salon. Il sait que sa mère a toujours une carte téléphonique dans son portefeuille. Son père se moque quelquefois d'elle. Il dit qu'aujourd'hui, personne n'a besoin d'un tel truc démodé. Ses parents sont dans la cuisine. Ils attendent la police. Le sac de sa mère est dans l'entrée, et Antoine trouve sans difficulté la carte téléphonique. Il sort de la maison, et ses parents ne s'aperçoivent même pas qu'il a ouvert la porte d'entrée.

Dans la cabine téléphonique, il compose le numéro. La cabine est tellement proche de la maison qu'il entend le téléphone sonner à l'intérieur. Son père décroche et dit :

« Allô ?

- Allô Papa, c'est moi, je vais bien, ne vous inquiétez pas.

- Allô ? Qui est a l'appareil ?

- C'est moi, Antoine !

- Allô ? Je n'entends rien, parlez plus fort s'il-vous-plaît. »

Antoine se met à crier dans l'appareil :

« Papa, c'est moi, Antoine, je suis dans la cabine téléphonique dans la rue...

- Bon, je n'entends absolument rien et j'attends des coups de téléphone importants, conclut son père, je suis désolé mais je dois raccrocher. »

Antoine raccroche, il se sent découragé, mais garde quand même espoir. De toute façon, il ne sait pas pourquoi, mais il est presque sûr que son invisibilité est temporaire.

Il a tout juste le temps de rentrer quand la police arrive. Deux agents s'assoient dans le salon et commencent à parler avec les parents d'Antoine. Il se cache un instant derrière le canapé, avant de se souvenir qu'il n'a absolument pas besoin de se cacher.

« Quand avez-vous vu votre enfant pour la dernière fois ? demande un inspecteur avec une moustache.

Exercice 6 : Passé composé ou imparfait ? Lesen Sie weiter und setzen Sie die Verben in der richtigen Zeitform ein!

- C' **1.** être ________________ hier soir, répond sa mère. Il **2.** être ________________ malade depuis quelques jours et il **3.** devoir ________________ rester au lit aujourd'hui. Ce matin quand je **4.** partir

______________ au travail, je ne **5.** aller ______________ vérifier qu'il était bien dans sa chambre, car je ne **6.** vouloir ______________ pas le réveiller. Il **7.** avoir ______________ l'air si fatigué hier soir ! Je lui **8.** donner ______________ une tisane et il **9.** s'endormir ______________ immédiatement. Je **10.** être ______________ même pas encore sortie de la chambre.

- Quand **vous** êtes-vous **aperçus** de sa disparition ? demande l'autre inspecteur.
- Vers 17 heures, quand je suis revenue.
- Qu'avez-vous fait depuis 17h ?
- Mon mari et moi, nous avons tout de suite téléphoné à tous les amis d'Antoine. Je sais que même s'il était malade et un peu **faible**, il avait quand même envie de sortir pour jouer avec eux.
- Pouvez-vous nous donner une description ? Comment était-il habillé aujourd'hui ?
- La dernière fois que je l'ai vu il était en pyjama, s'énerve sa mère. Mais je crois qu'il a mis ses vêtements d'hier, c'est à dire un pantalon bleu et un pull rouge. »

coup *m* de téléphone	Anruf
raccrocher	den Hörer wieder auflegen
découragé	entmutigt
temporaire	zeitlich begrenzt
s'apercevoir *irr*	*hier*: bemerken
faible	schwach

Son père se lève à ce moment-là et ouvre le placard de l'entrée : « Il a aussi pris son manteau gris » déclare-t-il.

Antoine se regarde : il est exactement habillé de cette façon.

« J'ai aussi besoin de sa description physique, demande le premier inspecteur. Taille, couleur des yeux et des cheveux, et tous les signes distinctifs possibles.

- Il mesure environ un mètre quarante, il a les yeux verts et les cheveux blonds.

- Est-ce qu'il porte des lunettes ?

- Non.

- Est-ce qu'il est plutôt maigre ou gros.

- Ni l'un ni l'autre : il est tout à fait normal. »

placard *m*	Schrank
physique	physisch, körperlich
signes *m pl* distinctifs	besondere Merkmale
maigre	dünn
gros	dick
carnet *m*	Notizbuch
délicat	*hier*: sehr persönlich
fuguer	ausreißen, weglaufen
le moindre détail	das kleinste Detail

L'un des policiers note toutes ces informations dans un petit carnet. L'autre policier demande encore quelque chose :

« Maintenant j'ai une question délicate, et il faut y répondre avec honnêteté, c'est dans l'intérêt de votre fils. Est-ce qu'il avait une raison de fuguer ?

- Mais il n'a pas fugué, pas Antoine, ce n'est pas possible, c'est un très gentil garçon ! » crie la mère d'Antoine.

Antoine est bien content d'entendre ces compliments. Mais le policier continue.

« Calmez-vous, Madame, vous devez pensez au moindre détail. Les enfants réagissent parfois de façon excessive. Croyez-moi, dans ma carrière, j'ai vu des enfants fuguer pour des disputes vraiment ridicules. Alors je vous repose[i] ma

> **i** Achtung! Durch die Möglichkeit, im Französischen vor ein Verb (*poser*) die Silbe *re-* zu setzen, um Wiederholung auszudrücken (*reposer*), können Zweideutigkeiten entstehen, die aus dem Kontext erkannt werden müssen: Hier ist nicht *reposer* im Sinne von „ausruhen" gemein, sondern *re-poser une question* – also „eine Frage nochmals stellen".

question : est-ce que quelque chose a pu **contrarier** Antoine ? »

Il y a un long silence, puis le père d'Antoine dit en regardant le ventre de sa mère :

« Il a peut-être remarqué quelque chose, tu ne crois pas ? »

Après quelques secondes d'**hésitation**, sa mère explique aux policiers :

« Et bien... je suis **enceinte** de trois mois, et mon ventre commence à **s'arrondir**. Nous n'avions encore rien dit à Antoine. Jusqu'ici il était **enfant unique**, et nous ne savions pas comment il pourrait réagir à l'arrivée d'un petit frère ou d'une petite sœur. Il s'est peut-être aperçu de quelque chose...

- Sans doute, Madame, **poursuit** le policier. Les enfants sentent ces choses-là. Votre fils ne serait pas le premier à quitter le domicile familial parce qu'il fait une **crise de jalousie** par rapport à un petit frère ou une petite sœur. »

contrarier qn *v*	jmd. verärgern
hésitation *f*	Zögern
enceinte	schwanger
s'arrondir	rund/dick werden
enfant *m* unique	Einzelkind
poursuivre *irr*	fortfahren
crise *f* de jalousie	Eifersuchtsanfall
jaloux	eifersüchtig

Antoine n'en croit pas ses oreilles. Non seulement il n'avait rien remarqué, mais en plus il n'est pas du tout **jaloux**, bien au contraire, il est très heureux ! Un petit frère, c'est bien mieux que les copains ! Il va pouvoir jouer au foot avec lui, ou l'**affronter** à la console de jeux. Enfin, il faudra attendre quelques années quand même, pense-t-il.

Exercice 7 : Démêlez les mots. Bringen Sie die Buchstaben in die richtige Reihenfolge und finden Sie heraus, was Antoines Mutter Wichtiges zu sagen hat!

1. fennta □_ _ _ _ _
2. snulette _ _□_ _ _ _ _
3. ycrona □_ _ _ _ _
4. treven _□_ _ _ _
5. giquame _ _ _□_ _ _
6. tnemêvet _ _ _ _ _ _ _□_
7. quiontes _ _ _ _□_ _ _
8. narcet _ _ _ _□_

Lösung: Elle est _ _ _ _ _ _ _ _.

« Nous allons **lancer** un avis de recherche avec la description de votre enfant, déclare le policier à moustache. Il est jeune, s'il a fugué il ne va pas aller bien loin. Et... »

affronter	gegen jmd. antreten
lancer *irr*	*hier*: aufgeben
brigade *f* canine	Hundestaffel
berger *m* allemand	Deutscher Schäferhund

À cet instant on sonne à la porte.
« C'est sans doute notre collègue de la brigade canine. Nous faisons toujours cela en cas de disparition d'enfant. Les chiens nous aident à les retrouver facilement. »
Pendant qu'il explique cela, l'autre policier s'est déjà levé pour aller ouvrir la porte. Un beau berger allemand tenu fermement en laisse par un policier habillé des vêtements spéciaux de dresseur de chien, rentre dans la maison. Le chien grogne un instant, mais son maître le fait taire rapidement.
« Est-ce que vous pouvez nous montrer la chambre de votre enfant ? demande le policier. Il faut que le chien sente son odeur.
- Oui, c'est à l'étage, suivez-moi, annonce le père d'Antoine. »

laisse (du chien) *f*	(Hunde-) Leine
dresseur *m*	(Hunde-) Abrichter
grogner	knurren
se précipiter	sich beeilen
dévorer	verschlingen
muselière *f*	Maulkorb
renifler	schnuppern, wittern

Quelques minutes plus tard, le chien redescend et se précipite dans la direction d'Antoine, en grognant. Le garçon a peur et il a juste le temps de monter sur la table de la cuisine. Un peu plus et le chien l'aurait dévoré ! Le dresseur arrive à toute vitesse dans la cuisine et il passe immédiatement une muselière à son chien en s'excusant auprès des parents.
« Je ne sais pas ce qui s'est passé, je n'ai jamais vu mon chien dans cet état. Il a reniflé les affaires de votre fils, et aussi une tasse qui était sur la table de nuit, et d'un seul coup il a bondi hors de la chambre et il s'est précipité dans la cuisine. C'est très bizarre. Normalement, le chien ne fait cela que quand il a trouvé ce qu'il cherchait. »

Exercice 8 : Combinez. **Welche der folgenden Satzteile gehören zusammen? Ordnen Sie zu!**

1. ☐ Les policiers	**a)** a trouvé Antoine.
2. ☐ Les parents	**b)** pensent qu'Antoine est parti.
3. ☐ Le garçon	**c)** sont très inquiets.
4. ☐ Le crayon et l'encre	**d)** deviennent aussi invisibles.
5. ☐ Le chien	**d)** essaye de communiquer avec eux.

« La tisane, se dit Antoine, c'est sans doute à cause de ça que je suis invisible. Ce n'est pas une tisane, c'est une **potion d'invisibilité** ! »

Au bout d'un long moment, après encore beaucoup de questions, les policiers partent enfin, et les parents d'Antoine, ne sachant plus quoi faire, se dirigent vers leur chambre pour essayer de dormir. Antoine est fatigué. Il monte aussi dans sa chambre pour prendre sa tasse. Il n'avait pas beaucoup bu de potion avant de s'endormir, et il en reste encore.

potion *f*	Zaubertrank
invisibilité *f*	Unsichtbarkeit
annuler	rückgängig machen
s'endormir *irr*	einschlafen
profondément	tief
comme si de rien n'était	als ob nichts wäre
bord *m*	Rand, Kante

« Peut-être que la potion chaude rend invisible, et peut-être que la potion froide annule cet effet, pense-t-il. »
Il boit ce qu'il reste de tisane.
« C'est encore plus mauvais froid que chaud » se dit-il. Et il met son pyjama et se couche. Il s'endort immédiatement.

Le matin, il se réveille avec une impression bizarre. Comme s'il avait dormi extrêmement longtemps ou très profondément. La porte de sa chambre s'ouvre, et ses parents entrent. Ils n'ont pas l'air surpris de le trouver là. Antoine fait comme si de rien n'était. Sa mère s'assoit au bord de son lit et lui dit : « Bonjour mon chéri. Tu as l'air d'aller mieux aujourd'hui. Papa et moi, nous avons quelque chose à te dire. Quelque chose d'important qui va changer ta vie. Mais avant tout, tu dois savoir que nous t'aimerons toujours comme avant et... »

Questions à propos du texte

1. Pensez-vous qu'Antoine simule sa maladie ? Et pourquoi ?
2. Le voisin ne répond pas à Antoine. Quel genre de bêtise Antoine aurait pu faire pour que le voisin ne le salue pas ?
3. Antoine vole un paquet de bonbons et joue avec une console de jeux. Comment décrire son caractère ?
4. Si vous étiez vous aussi invisible, que feriez-vous ?
5. Est-ce que les parents d'Antoine ont bien réagi quand ils ont constaté la disparition d'Antoine ?
6. Quels autres moyens aurait pu trouver Antoine pour communiquer avec ses parents ?
7. Pour quelles raisons un enfant peut-il fuguer ?
8. Pourquoi les parents d'Antoine ne lui ont-ils pas annoncé qu'il allait bientôt avoir un petit frère ou une petite sœur ? D'après vous, était-ce une bonne idée ?
9. Quels sont les avantages à être l'aîné d'une famille ?
10. Pensez-vous vraiment qu'Antoine soit devenu invisible à cause de la tisane ? Y a-t-il une autre explication ?

Dernière mise au point

Tim Pirard

Un déménagement dans une nouvelle maison, c'est une nouvelle vie qui commence. On peut y découvrir des trésors cachés ou faire de nouvelles rencontres... ou bien découvrir des secrets inquiétants. Dans le grenier, la cave, ou le jardin... les indices sont partout ! Qu'est-ce qui se passe dans cette mystérieuse vieille maison ?

Valentine : jeune fille très curieuse qui vient d'emménager avec ses parents à la fin des grandes vacances d'été.

Sa mère : est contente de son nouveau jardin où elle peut s'occuper de son propre petit potager.

Son père : grand amateur de vin, qui ne trouve jamais assez de place pour ranger ses bouteilles.

Le vieux voisin : sait beaucoup de choses, mais en dit peu.

Vendredi 27 août.

Cher journal,

Nous sommes maintenant arrivés dans la nouvelle maison. Dès la première visite il y a deux mois, je ne sais pas pourquoi, mais je savais qu'elle me plaisait : j'avais déjà l'impression d'être chez moi. Ensuite, mes parents ont fait quelques travaux, et j'ai pu emménager dans ma nouvelle chambre. Elle est au deuxième étage, directement sous le grenier. Demain j'irai probablement le visiter, car l'ancien propriétaire doit sûrement y avoir laissé des objets. J'ai quelques jours pour explorer mon nouveau domaine avant la rentrée des classes. Quelle barbe, ça !.

De ma fenêtre, je vois le jardin. Il est grand, avec des arbres fruitiers et un puits. À la branche d'un arbre pend encore une vieille balançoire. Des enfants ont donc habité ici, mais vu l'état de la balançoire, cela doit faire longtemps.

J'entends ma mère qui fait la cuisine. Elle est contente, car elle va enfin pouvoir faire un jardin et faire pousser des légumes : un potager, c'est son rêve depuis longtemps ! Papa doit déjà être en train de ranger ses bouteilles de vin dans la cave. Je ne sais pas comment il peut passer autant de temps dans cet endroit humide et sombre : c'est la seule partie de la maison que je n'aime pas.

mise *f* au point	(Blenden-) Einstellung; Klarstellung
grenier *m*	Dachboden
rentrée *f* (des classes)	Ende der Ferien, Schulanfang
ϟQuelle barbe !	Sowas Blödes!
puits *m*	Brunnen
pendre *irr*	hängen
balançoire *f*	Schaukel
vu	angesichts
faire *irr* pousser	pflanzen
potager *m*	(Gemüse-)Beet
humide	feucht
sombre	dunkel

Samedi 28 août (le matin)

Cher journal,
cette première nuit ici n'a pas été très bonne. Je n'ai pas bien dormi. Maman a dit que c'était normal avec autant de changements, elle a cru que j'étais nerveuse. Mais non, je ne l'étais pas. Par contre, ce qui n'était pas normal, c'était le bruit que j'ai entendu au dessus de ma tête toute la nuit. Et je ne rêvais pas ! On aurait dit que c'étaient des bruits de pas. De tout petits pas.

Exercice 1 : Tout, tous, toute, toutes. Ergänzen Sie die Sätze mit der jeweils richtigen Form!

1. Elle n'a pas dormi de la nuit, elle n'a pas dormi du _____
2. Quand elle s'est réveillée, ses cheveux étaient _____ emmêlés.
3. Les membres de sa famille sont _____ venus pour aider à déménager.
4. Quand elle était _____ petite, elle jouait à la poupée.
5. Ses parents ne sont pas là, elle est _____ seule.
6. Son père a rangé _____ ses bouteilles à la cave.

Il y a peut-être une fée ou un lutin qui vit au grenier ? Je n'ose pas aller voir tout de suite et surtout toute seule. Papa veut y mettre les choses qui ne tiennent pas dans la cave. Il y montera cet après-midi.

Samedi 28 août (le soir)

pas *m*	Schritt
lutin *m*	Kobold, Wichtel
échelle *f*	Leiter
poutre *f*	Balken
taper dessus	draufklopfen
serrure *f*	Schloss
fouine *f*	Steinmarder
nid *m*	Nest
paille *f*	Stroh
nocturne	*hier*: nachtaktiv
pellicule *f*	Film

Cher journal,
quelle idiote je suis ! Oublie ce que j'ai dit sur les lutins et les fées. Heureusement que je n'ai rien dit à Papa, sinon il m'aurait prise pour un bébé. Nous sommes donc allés au grenier cet après-midi. Il faut monter par une échelle. À l'intérieur, ça sent la poussière et il fait assez noir. Papa avait pris une lampe de poche. Il y a peu d'objets dans ce grenier. Papa est content parce qu'il a de la place pour ranger. J'ai tout de suite vu le grand coffre au fond, près de la poutre. Je me suis approchée, mais je n'ai pas réussi à l'ouvrir. Il y avait un trou sur le côté. Papa a tapé dessus et la serrure a cassé. Quand on a ouvert, elle a sauté entre Papa et moi : ma fée de cette nuit était une fouine qui avait fait son nid dans la valise ! À l'intérieur, il y a un peu de paille. Papa a dit que la fouine devait passer l'hiver au chaud et que c'était un animal nocturne. Nous avons aussi trouvé un vieil appareil photo. Il n'y avait plus de pellicule à l'intérieur, mais Papa m'a montré comment il fonctionnait et je l'ai pris. Nous achèterons une pellicule lundi. Pour l'instant je vais m'entraîner, car j'aimerais bien photographier ma fée-fouine !

Dimanche 29 août.

Cher journal,
Quelle nuit ! Ma petite fée a encore couru toute la nuit. Je sais bien maintenant que ce bruit n'est pas mystérieux, mais ça **m'empêche** quand même de dormir.

Exercice 2 : Les verbes. Lesen Sie weiter und konjugieren Sie die Verben im Passé composé oder Imparfait!

Ce matin, je **1.** décider ________________ de monter seule au grenier, avec mon appareil photo. Je **2.** mettre ________________ un peu de temps à trouver ma fouine : je l' **3.** entendre ________________ mais je ne la **4.** voir ________________ pas. C'était normal : elle **5.** courir ________________ sur les poutres au-dessus de ma tête. À un moment, elle n'a plus bougé. J' **6.** prendre ________________ mon appareil photo, j'ai visé, et j'ai appuyé sur le **bouton.** Ça a fait clic, et la fée n'a pas bougé.

J'ai recommencé en regardant dans l'objectif, j'ai fait la mise au point, et clic ! Une deuxième fois. Quel dommage que je n'aie pas encore de pellicule, je suis sûre que les photos seraient réussies. Quand on appuie, l'image disparaît pendant un court instant, et on ne voit plus qu'un carré noir. La fouine est descendue près de sa malle et clic ! Une troisième photo. Mais cette fois, au moment du carré noir, j'ai cru apercevoir une autre image, un peu comme quand on ferme les yeux après avoir regardé une lampe pendant quelques secondes. C'était une forme floue que je n'arrivais pas à identifier, mais que j'avais l'impression de connaître. À ce moment, la fouine est rentrée dans sa valise et j'ai quitté le grenier.

empêcher qn	jmd. abhalten
bouton *m*	Knopf
réussi	gelungen
carré *m*	viereckiges Feld
malle *f*	Koffer
apercevoir *irr*	bemerken, sehen
flou	unscharf
pelle *f*	Schaufel
durer *v*	dauern

Lundi 29 août (le soir).

Cher journal,

J'ai quand même l'impression qu'il y a des choses bizarres dans cette maison. Aujourd'hui, Papa a dit qu'une pelle avait disparu de la cave. Il en avait besoin aujourd'hui pour faire du jardinage. Maman a dit qu'il avait dû rêver. Moi je suis allée dans le jardin pour aider Papa et surtout continuer à m'entraîner avec l'appareil photo. Cette fois j'en suis sûre, à chaque fois que j'appuie sur le bouton, je vois une image dans l'objectif. J'ai demandé à Papa si on pouvait faire durer le temps pendant lequel l'objectif est noir. Oui, ça peut durer une seconde, mais malheureusement pas plus.

On a changé le réglage, et là c'est devenu plus clair : quelque chose d'incroyable se passe à chaque fois que j'appuie sur le bouton : dans l'objectif, je vois une petite fille qui me regarde. J'ai **eu du mal** à y croire, mais à chaque fois que je regarde dans l'objectif, elle est là. Elle doit avoir 7 ou 8 ans, elle me ressemble un peu, mais avec les cheveux plus longs. Elle porte une chemise de nuit, et elle ne sourit pas. Elle **a** même **l'air** un peu triste. À un moment, j'ai cru qu'elle faisait un geste, et qu'elle me montrait un endroit précis du jardin. Au même instant, Papa a retrouvé sa pelle cachée dans des herbes hautes.

> **i** Nicht verwechseln: *la* ohne Akzent ist der feminine Artikel. *Là* mit accent grave heißt „da, dort", kann aber in der gesprochenen Sprache auch im Sinne von „dann" gebraucht werden.

Comme Papa me demandait pourquoi je prenais toutes ces photos alors qu'il ne m'avait pas encore acheté de pellicule, je suis montée dans ma chambre pour ne pas lui devoir dire que je voyais la petite fille.

Exercice 3 : Les prépositions. Ergänzen Sie die Satze mit den untenstehenden Präpositionen!

pendant | depuis | il y a | dans

1. La famille a déménagé ____________ une semaine.
2. La jeune fille est restée dans sa chambre ____________ toute la journée.
3. La rentrée des classes est pour bientôt, c'est ____________ une semaine.
4. Les vacances durent ____________ deux mois.

J'ai à nouveau regardé dans l'objectif, et là, plus rien. Est-ce que c'était simplement mon imagination, ou bien est-ce que la fillette n'apparaît que là où elle veut ?

Lundi 29 août (le soir).

Cette fois c'est sûr, ce n'est pas mon imagination. Cet après-midi dans la cuisine, Maman m'a demandé de l'aider à chercher un couteau qu'elle ne trouvait plus. C'est un couteau spécial pour le poisson. Il était déjà dans la maison quand nous avons emménagé. Au bout de dix minutes, nous ne l'avons pas trouvé et pour faire sourire maman, j'ai dit que j'avais un appareil magique qui retrouvait les objets perdus. Et cette fois encore, j'ai vu la petite fille dans l'objectif. Avec son doigt, elle me faisait signe d'approcher en direction de la véranda. Le couteau **était planté** dans un pot de fleur. Je l'ai ramené à Maman qui a cru que je lui avais fait une **blague** avec mon appareil.

avoir *irr* **du mal à faire qc**	Schwierigkeiten haben etw. zu tun
avoir *irr* **l'air**	aussehen, wirken
être *irr* **planté dans qc**	in etw. stecken
blague *f*	Spaß, Witz
viser qc	etw. anpeilen

Mardi 30 août.

Cher journal,

J'ai voulu en savoir plus sur elle. Je suis montée dans ma chambre avec mon appareil. J'ai **visé** mon lit, et clic ! J'ai vu la petite fille assise au bord de mon lit. Elle regardait vers un coin de la pièce. Les draps du lit n'étaient pas les mêmes

que les miens. J'ai voulu reprendre une photo, mais elle n'était plus là. Alors j'ai pris le coin de la pièce qu'elle m'avait montré en photo, et surprise ! Je l'ai vue assise à un bureau d'écolier qui avait l'air vieux. À ce moment-là, j'ai compris qu'elle communiquait vraiment avec moi et que je devais lui obéir. Et si moi aussi, je pouvais communiquer avec elle ? Je lui ai demandé :
« Qu'est-ce que tu veux ? », et j'ai pris une photo. Elle était toujours à son bureau, tournée vers moi, avec un doigt sur la bouche qui voulait dire « silence ». J'ai murmuré :
« Si au moins je savais comment tu t'appelles… »

Nouvelle photo : elle avait un de ces vieux stylos à la main, un de ceux que l'on doit tremper dans un encrier. Elle était en train d'écrire, et je voyais les lettres qu'elle traçait. « V », nouvelle photo : « I », puis R – G – I – N – I – E. Virginie ! Je connaissais enfin son prénom. J'ai pris une nouvelle photo mais elle avait disparue.
Je ne l'ai pas revue ce soir, et je vais me coucher, car avec toutes ces aventures, j'ai oublié que c'était la rentrée des classes après-demain.

Mercredi 31 août (le matin).

Mes parents commencent à se poser des questions à force de me voir me promener partout avec mon appareil photo. Aujourd'hui, mon père a acheté une pellicule. Une 24 poses. Je ne sais pas si je dois la mettre dans l'appareil. Que se passera-t-il ? Si ça marche, j'aurai une preuve que tout ça n'est pas de l'imagination. Mais si ça fait peur à Virginie ? Si elle pense que je veux la piéger ? Je pourrais faire un essai, prendre une seule photo et la faire développer. Mais comment faire comprendre à mon père que je ne veux faire qu'une seule photo ? Pour l'instant je garde l'appareil vide.

Mercredi 31 août (le midi).

Une autre chose bizarre : j'ai vu la fouine courir dans le jardin pendant la journée. Papa a pourtant dit que c'était un animal nocturne, et donc qu'elle vivait la nuit. J'étais **penchée** à la fenêtre, je respirais la bonne odeur de ce dernier jour de vacances quand elle est apparue, comme sortie de **nulle part**. Elle a couru autour du vieux **chêne** au fond du jardin, là où la vieille balançoire est **accrochée**, et j'ai vraiment eu l'impression qu'elle s'arrêtait parfois pour me regarder. J'ai pris une photo, mais Virginie n'était pas là.

obéir *irr* **à qn**	jmd. gehorchen
pose *f*	Belichtung, Bild
preuve *f*	Beweis
piéger qn *irr*	jmd. eine Falle stellen
être *irr* **penché**	gebeugt sein
nulle part	nirgends
chêne *m*	Eiche
accrocher	befestigen
tronc *m*	Baumstamm
cicatrice *f*	Narbe

Ensuite, je suis descendue dans le jardin pour voir ça de plus près. Ce vieux chêne est vraiment énorme, je ne peux pas faire le tour du **tronc** avec mes bras. La branche où est accrochée la balançoire a l'air très solide. En faisant le tour de l'arbre, j'ai vu quelque chose sur le tronc. Il y avait comme une sorte de **cicatrice** dans le tronc, en forme de cœur : pas de doute, c'étaient des lettres que quelqu'un avait gravées. Et surprise, j'ai encore pu lire clairement que la première lettre était un « V » suivi du signe « + ». Malheureusement, je ne pouvais pas lire la lettre derrière le plus.

Exercice 4 : Mots cachés. Finden Sie 10 Begriffe im Gitternetz, die etwas mit der Schule zu tun haben!

A	Z	C	L	A	S	S	E	R	Y	A
E	R	T	Y	L	K	J	H	G	F	P
E	P	R	O	F	E	S	S	E	U	R
D	E	D	E	V	O	I	R	S	R	R
C	Y	L	F	A	D	E	R	T	U	E
R	U	E	É	C	O	L	E	Y	C	N
T	I	Ç	R	A	F	K	O	L	O	D
V	O	O	S	N	D	E	E	O	U	R
B	P	N	Z	C	A	H	I	E	R	E
L	I	V	R	E	B	U	O	P	S	C
C	O	I	F	S	U	R	G	U	I	P

C'était un message d'amour : V + ? = amour ! Ma Virginie de l'appareil photo avait-elle vécu ici ?
Est-ce qu'elle veut me faire passer un message ? Pourquoi est-ce que la fouine est apparue à cet endroit-là ? Je ne sais pas pourquoi, mais cela commence à m'inquiéter. Mais cette fois, il faut vraiment dormir, car demain, il faudra être en forme.

Jeudi 1er septembre.

Cher journal,
Eh oui, malheureusement, c'est la rentrée. Encore et toujours l'école, je ne sais pas quand je vais en sortir. Il ne s'est rien passé d'interessant à l'école.

Papa a fait une découverte dans la maison. Grâce à cela, on a fait connaissance avec le voisin, et depuis ce moment, j'en sais peut-être un peu plus sur ma fille de l'appareil photo. Cet après-midi, Papa nous a emmené dans « sa » cave. Il disait qu'il avait fait une découverte étonnante. En réalité, c'était une petite chose : la cave est **reliée** à un puits, mais on ne voit pas ce puits ressortir dans le jardin, c'est comme un puits **enterré**. Il l'a découvert en **déplaçant** un tas de vieux bois. C'est bien un puits en brique, arrondi. Mais dans le jardin, on remarque clairement un cercle où l'herbe n'est pas de la même couleur, près du vieux chêne. Papa avait déjà attrapé sa pelle et il était prêt à[i] **creuser** lorsque le vieux voisin, qui était dans son jardin, l'a vu faire. Il nous a appelés :

« Bonjour. Ah, on dirait que vous avez retrouvé le vieux puits. Ne vous fatiguez pas à creuser, il ne sert plus à rien.

- Pourquoi ? a demandé mon père.

- Parce que la source n'existe plus depuis au moins cinquante ans. L'ancien propriétaire a **rebouché** le puits qui ne servait plus à rien, puis il a enlevé les pierres de la **margelle**. Et c'est juste après cela qu'il a déménagé. Ça lui avait pourtant pris du temps.

- Est-ce que vous savez pourquoi il a déménagé ? ai-je demandé tout de suite, sans vraiment savoir pourquoi.

> **i** Die Formulierung *être prêt à faire qc* („bereit sein etw. zu tun") findet sich in vielen festen Wendungen wieder:
> prêt-à-porter - Konfektionskleidung
> prêt-à-manger - Fertigessen, Fast Food
> prêt-à-l'emploi - gebrauchsfertig
> prêt-au-rappel - auf Abruf

être *irr* relié	verbunden sein
enterré	*hier*: eingegraben
déplacer *irr*	beiseite schaffen
creuser	graben
reboucher	zuschütten, zustopfen
margelle *f*	Brunnenrand
rumeur *f*	Gerücht

Exercice 5 : Les adjectifs irréguliers. Ergänzen Sie die Sätze mit dem korrekt gebildeten Adjektiv!

1. Le voisin est un (vieux) ______________ homme qui vit dans une (vieux) ______________ maison.
2. Notre héroïne est une (beau) ______________ jeune fille, avec un (beau) ______________ avenir.
3. Avec toute cette histoire, elle va devenir (fou) ______________. Tous ces événements sont (fou) ______________.
4. Dans la (nouveau) ______________ maison, il y a beaucoup de choses à découvrir.

- Ça, Mademoiselle, personne ne le sait. Il y a eu des **rumeurs**... mais c'est le passé maintenant.
« Est-ce qu'il avait une petite fille ? » Mais mon père m'a interrompue en disant : « Tu es bien indiscrète ! » et il a remercié le voisin pour ses renseignements.

Vendredi 2 septembre.

Cher journal,
Cette histoire commence à me rendre folle. Et je me trouve un peu ridicule. J'ai l'impression que Virginie m'a contactée,

moi spécialement, et je ne sais pas pourquoi. Elle avait l'air si triste sur le vieux puits hier. J'ai le sentiment que je dois l'aider, mais je ne sais pas vraiment comment. J'y ai réfléchi toute la journée, et je ne vois qu'un moyen pour mieux comprendre : il faut que j'interroge le voisin, même si c'est **impoli**. C'est vrai que c'est un vieux monsieur. Mais pour moi, c'est le seul moyen de savoir...

Mon pauvre Journal,
excuse-moi de t'avoir **laissé tomber** brusquement tout à l'heure, mais j'ai aperçu le voisin dans son jardin au moment où je te racontais mes histoires. J'ai pu lui posér des questions, et il ne m'a pas trouvée indiscrète du tout. Il avait même l'air content de pouvoir en parler. Voilà ce qu'il m'a dit : il y a environ cinquante ans une famille habitait dans notre maison. Cette famille avait une petite fille d'environ huit ans qui s'appelait Virginie ! Le voisin la voyait souvent jouer sur la balançoire accrochée au chêne. Il ne se souvient pas de beaucoup d'autres choses, mais quinze jours avant leur déménagement, Virginie n'était pas là, et le père **détruisait** le puits. Ses parents ont dit au voisin qu'elle était chez ses grands-parents. Mais il y a eu une **rumeur** dans le village disant qu'elle avait disparu et que c'est pour cette raison que la famille déménageait. Tout ce qu'il sait, c'est que les parents sont morts maintenant.

impoli	unhöflich
laisser tomber	*hier*: im Stich lassen
détruire *irr*	zerstören
tenter le tout pour le tout	alles auf eine Karte setzen

Voilà, je n'en sais pas plus. Mais je sais qu'il faut que je **tente le tout pour le tout** pour en savoir plus. Et je vais commencer par mettre la pellicule dans l'appareil.

Exercice 6 : Vrai ou faux ? Welche Aussagen sind korrekt? Markieren Sie mit richtig ✓ oder falsch – !

	Richtig	Falsch
1. La famille a déménagé récemment.	P	A
2. Un animal vit dans leur grenier.	E	K
3. La petite fille filme l'animal.	I	L
4. Leur voisin est âgé.	L	O
5. Le père de l'héroïne est mort.	V	I
6. Elle est contente de rentrer à l'école.	P	C
7. La famille n'habite pas dans un appartement.	U	V
8. La fille a un petit frère.	A	L
9. Il n'y a plus d'eau dans le puits.	E	N

Lösung: Elle va mettre la _ _ _ _ _ _ _ _ dans l'appareil photo.

Samedi 3 septembre.

Mon cher journal,

« journal », c'est un mot amusant. Comme je prends beaucoup de photos, mon père m'a demandé si je ne voulais pas devenir journaliste.

J'ai photographié tous les endroits de la maison. Virginie n'apparaît plus dans l'objectif, mais un signe me dit que ce n'est pas grave : à la place de Virginie, j'ai vu la fouine plusieurs fois aujourd'hui.

Exercice 7 : Démêlez les phrases. Bringen Sie die Wörter in die richtige Reihenfolge!

1. ne | sont | les vacances | jamais | longues | assez

____

____

2. pas | toujours | les mystères | ne | peut | comprendre | on

____

____

3. est-ce que | pas | croyez | ne | vous | aux | esprits?

____

____

4. connaîtra | la vérité | personne | jamais | ne

____

____

Mon père a décidé de creuser dans le puits. En fait, il dit que ça lui prend une place inutile pour ranger ses bouteilles de vin à la cave, et il voudrait enlever les briques qui le **gênent**. Peut-être qu'il y a un trésor au fond du puits et que c'est pour l'enterrer que le père de Virginie l'a rebouché.

gêner	stören
pire	schlimmer
perturbé	aufgewühlt
os *m*	Knochen
crâne *m*	Schädel

Lundi 5 septembre.

Cher journal,

J'ai eu la plus grande peur de ma vie aujourd'hui en rentrant de l'école. Quand je suis arrivé devant la maison, il y avait deux ou trois voitures de police. J'ai cru que nous avions été cambriolés, ou **pire**...

Quand je suis arrivée dans le salon, mes parents étaient en train de parler à un inspecteur. Mon père avait l'air **perturbé**. Quand j'ai demandé ce qui se passait, ma mère m'a emmenée dans la cuisine. Elle m'a expliqué que Papa avait réussi à enlever les premières pierres du puits au fond de la cave. Et il a trouvé des **os**. Au début il a cru que c'était un animal. Puis il a trouvé un squelette entier et finalement un **crâne**. Un petit crâne. Les experts de la police sont arrivés rapidement et ils ont confirmé que c'était sans doute le corps d'une petite fille, enterrée là il y a une cinquantaine[i] d'années. Je n'ai rien dit à Maman, je suis montée dans ma chambre et j'ai pleuré.

> **i** Une cinquantaine ist eine ungefähre Angabe, die mit „ungefähr fünfzig" oder „um die fünfzig" übersetzt werden kann.
> L'homme avait une **quarantaine** d'années. „Der Mann war um die vierzig."
> J'ai vu une **trentaine** de chevaux. „Ich habe ungefähr dreißig Pferde gesehen."

Ma pauvre Virginie. Je ne pensais pas qu'il t'était arrivé quelque chose d'aussi terrible. Je ne sais pas exactement comment c'est arrivé. Peut-être veux-tu garder ton secret ? Ou peut-être as-tu encore quelque chose à me dire. Demain, j'irai faire développer les photos.

Exercice 8 : Les pronoms. Ersetzen Sie die unterstrichenen Wörter durch die jeweils passenden Pronomen!

1. Valentine va découvrir la vérité.

____

2. Demain elle fera développer les photos.

____

3. Son père a trouvé le squelette.

____

4. Elle a eu peur de la police.

____

5. Le squelette a été trouvé à la cave.

____

6. Elle ne parlera de cette histoire à personne.

____

Jeudi 8 septembre.

Ma chère Virginie,
les photos sont enfin revenues et je comprends tout maintenant. Je te remercie de m'avoir dit ton secret. Je le garderai pour moi, bien sûr, puisque c'est ce que tu veux.
Je n'en parlerai qu'à mon journal…

Questions à propos du texte

1. Quelle serait la première chose que vous feriez si vous déménagiez dans une nouvelle maison ? Que peut-il s'y passer ?

2. Pourquoi pensez-vous que la mère de l'héroïne aime autant le jardinage ?

3. Qu'auriez-vous fait à la place de l'héroïne quand il y avait du bruit au grenier ? Vous seriez-vous levé pour voir ce qu'il y avait ou seriez-vous tout simplement resté au lit ?

4. D'après vous, est-ce que c'est la petite fille de l'appareil qui a fait disparaître la pelle ? Et pourquoi ferait-elle cela ?

5. Croyez-vous que la communication avec des « esprits » est possible ? Avez-vous déjà fait des expériences similaires ?

6. Que signifie l'inscription « V + ? = amour » gravée dans le tronc du vieux chêne ?

7. Est-ce que le vieux voisin en sait plus qu'il n'en dit ? Qu'en croyez-vous ?

8. À la place de l'héroïne, est-ce que vous auriez demandé au voisin pour en savoir plus ?

9. Le père de la jeune fille lui demande si elle ne veut pas devenir journaliste. Pensez-vous qu'elle aurait un talent pour ce métier ?

10. D'après vous, qu'est-ce qu'il peut y avoir sur les photos ?

Test final

Solutions

Glossaire

Liste des exercices

Test final

Exercice 1 : Traduisez. Übersetzen Sie die angegebenen Begriffe und finden Sie das Lösungswort!

1. Kind _ _ ☐ _ _ _
2. Haus _ ☐ _ _ _ _
3. Dachboden _ _ _ ☐ _ _ _
4. Flasche _ _ _ ☐ _ _ _ _ _
5. Messer _ ☐ _ _ _ _ _
6. Einbildung _ ☐ _ _ _ _ _ _ _ _ _
7. Mädchen _ _ _ _ ☐

Lösung : _ _ _ _ _ _ _

Exercice 2 : Supprimez l'intrus. Welches Wort ist das „Schwarze Schaf"? Unterstreichen Sie!

1. caméra appareil journal pellicule
2. fouine souris rat lutin
3. jardin cuisine grenier cave
4. voisin père fille policier

Exercice 3 : Qui ou que ? **Complètez les phrases par le bon pronom relatif.**

1. La fille qui / que je connais est courageuse.
2. C'est une fille qui / que n'a peur de rien.
3. Sa maison, qui / que j'ai visitée, est grande.
4. Sa chambre, qui / que est à l'étage, est belle.
5. Elle aime ses parents qui / que sont très gentils

Exercice 4 : Définitions. **Finden Sie die richtigen Vokabeln für die beschriebenen Begriffe!**

1. Une boisson que l'on boit quand on est malade est une

   ____________________.

2. Un objet que l'on ne peut pas voir est ____________________.
3. Quelqu'un qui prend quelque chose sans payer est un

   ____________________.

4. Pour écrire, j'utilise un ____________________.
5. Au téléphone, à la fin d'une conversation, je dois

   ____________________.

Exercice 5 : Mots cachés. Finden Sie im Gitternetz zehn Begriffe zum Thema Familie!

A	I	Q	U	P	F	G	J	I	F
F	I	L	L	E	D	E	U	I	U
O	D	P	A	R	E	N	T	S	G
S	O	E	U	R	D	F	I	L	S
F	N	U	O	B	T	A	N	T	E
R	C	O	U	S	I	N	U	O	P
H	L	D	H	I	O	T	E	B	E
M	E	R	E	S	G	I	O	N	E

Exercice 6 : Conjugaison. Konjugieren Sie die folgenden Verbformen im Passé composé!

1. vendre tu ____________
2. faire vous ____________
3. dire nous ____________
4. céder il ____________
5. plaindre je ____________
6. retrouver elles ____________

Exercice 7 : Démêlez les phrases. Entwirren Sie die Wörter und bringen Sie in die richtige Reihenfolge!

1. invisible ne peut parce que je voir suis me personne

____.

2. veut acheter on payer quelque chose quand il faut

____.

3. sont du inquièts les garçon parents très

____.

4. ne message pas de laisser Antoine peut

____.

Exercice 8 : Vrai ou faux ? Welche Aussagen sind korrekt? Markieren Sie mit richtig ✓ oder falsch - !

1. La fille qui vient de déménager s'appelle Virginie. ❐
2. Il est difficile de trouver un hôtel au centre ville de Paris. ❐
3. La Martinique se trouve en Europe. ❐
4. Romain n'aime pas écrire des romans d'amour. ❐
5. Quand il y a de la grève, il est difficile de se déplacer. ❐

Exercice 9 : Devinette. Finden Sie die gesuchten Begriffe und lösen Sie das Kreuzworträtsel!

Horizontal :

1. Le père d'Érica y a disparu.
2. Celle de sa femme a traumatisé Romain.
3. Éditeur de Romain.

Vertical :

4. Profession de Romain.
5. Nom du personnage principal.
6. Nom de famille du pseudonyme de Romain.

Exercice 10 : Spirale des mots. Fügen Sie die gesuchten Begriffe in die Wortspirale ein!

1	2	3	4	5	6	7
22	23	24	25	26	27	8
21	36	37	38	39	28	9
20	35	42	41	40	29	10
19	34	33	32	31	30	11
18	17	16	15	14	13	12

1-6 : Le « lutin » au grenier est une…

6-13 : Romain est un…

13-20 : Ce qui est arrivé au père d'Érica

20-29 : Quand on n'est pas timide, on est…

29-37 : Antoine l'est devenu.

37-42 : Clara n'est pas une adulte, elle est une…

Exercice 11 : Vrai ou faux ? Welche Aussagen sind korrekt ? Markieren Sie mit richtig ✓ oder falsch -!

1. Gérard travaille pour une grande entreprise qui fabrique des vêtements d'enfant. ❒
2. Juliette élève seule sa fille de six ans, Clara. ❒
3. Le père de Clara est partie quand elle était petite. ❒
4. Gérard peut appeler son chef et lui expliquer pourquoi il n'est pas arrivé à l'heure au rendez-vous. ❒

Exercice 12 : Adjectifs et verbes. Lesen Sie den Textabschnitt und unterstreichen Sie die richtige Variante!

Gérard est stressé à cause de la grève **1.** général / générale. Il **2.** dois / doit prendre un taxi. C'est dans ce taxi qu'il **3.** rencontre / rencontrent Juliette. Juliette est une chauffeur de taxi **4.** antillais / antillaise qui élève **5.** seul / seule sa fille de six ans, Clara. À leur contact, Gérard **6.** remet / remit toute sa vie en question.

Exercice 13 : Démêlez les phrases. Bilden Sie sinnvolle Sätze!

1. fouine peur la Valentine grenier pas n'a de du

____.

2. un bonbons est de Antoine sac vole invisible parce qu'il

____.

3. elle invite Juliette chez Gérard à rester

____.

4. se maison trouve la d'édition à Paris

____.

5. ne travail pour Gérard son vit que

____.

6. mois est enceinte la depuis d'Antoine trois mère

____.

Solutions

Taxi !

Exercice 1 : **1.** a **2.** travaille **3.** s'agit **4.** fabrique **5.** trouve **6.** voyage

Exercice 2 : **1.** montre **2.** conduire **3.** station **4.** Londonien

Exercice 3 : **1.** Pour **2.** de **3.** au **4.** à **5.** en **6.** des

Exercice 4 : **1.** d **2.** a **3.** b **4.** c

Exercice 5 : **1.** se présente **2.** va **3.** déposé **4.** dit

Exercice 6 : **1.** b **2.** a **3.** b **4.** b

Exercice 7 : train / enfant / La Martinique / Paris / stressé
Lösung : TEMPS

Exercice 8 : **1.** elle s'est endormie **2.** nous nous sommes levé(e)s **3.** ils se sont préparés **4.** elles se sont mises **5.** je me suis couché(e) **6.** tu t'es lavé(e)

Questions à propos du texte

1. C'est son travail. Il le trouve passionnant. Il semble vivre pour travailler au lieu de travailler pour vivre

2. Parce que c'est la grève générale à Paris et qu'aucun métro ne circule. En plus, le rendez-vous est très important et Gérard a probablement peur de perdre son emploi.

3. Gérard est tellement stressé qu'il ne pense qu'à son rendez-vous et ne regarde pas ce qui se passe autour de lui. Il n'a d'yeux que pour les affaires et pas pour les gens - c'est le principal problème de Gérard.

4. Nadine garde Clara parce que Juliette travaille. Et comme le père de Clara est parti, il faut que quelqu'un s'occupe de l'enfant pendant que sa mère travaille.

5. Juliette a sans doute une très bonne connaissance des hommes et elle sait bien que Gérard est tout à fait fiable. En plus, la sieste est très importante pour elle, car le lendemain, elle reprendra son travail très tôt le matin.

6. J'aurais moi aussi été très stressé mais j'aurais essayé de garder mon calme. Probablement n'aurait-il pas été impossible de trouver un hôtel. Peut-être que Gérard aime bien l'idée de rester chez quelqu'un et de ne pas devoir passer la journée tout seul.

7. On peut supposer que Gérard s'est finalement rendu compte que sa vie n'a pas de sens. En voyant l'affiche de La Martinique, il a peut-être décidé de changer de vie.

8. On peut s'imaginer qu'il va rester en contact avec Juliette et Clara. Peut-être va-t-il passer des vacances à Paris – ou même à la Martinique. On peut s'imaginer qu'il a envie d'apprendre à connaître la culture martiniquaise et qu'il va emmener Juliette et Clara avec lui aux Antilles et leur payer le voyage.

9. Quand Gérard s'endort sur le canapé de Juliette, il n'est pas aussi stressé qu'il le pensait. En effet, il se sent finalement bien dans sa famille d'adoption : la petite Clara est adorable et Juliette est sympathique. Il se rend compte qu'il lui manque quelque chose dans la vie.

   Quand Juliette s'endort, elle trouve finalement que ce vendeur de jouets est très sympathique. De plus, il s'entend très bien avec Clara. La petite fille semble en effet l'adorer et ils parlent beaucoup tous les deux. Juliette est heureuse d'avoir rencontré Gérard et de pouvoir lui montrer une façon de vivre différente.

10. Il n'est jamais facile de changer totalement de vie. Mais je peux imaginer que c'est une bonne chose si on est vraiment malheureux. Quelquefois, il faut savoir prendre des risques pour trouver le bonheur, même si les premières étapes peuvent être difficiles.

Doubles vies

Exercice 1 : **1.** elle **2.** vous **3.** ils **4.** je

Exercice 2 : **1.** chauffeur **2.** permis **3.** docteur **4.** football

Exercice 3 : **1.** commençe (commence) **2.** parles (parle) **3.** réinventé (réinventer) **4.** à la tour (au tour) **5.** rédigée (rédigé) **6.** arive (arrive)

Exercice 4 : **1.** faux (Le nom féminin est seulement un pseudonyme, l'auteur est un homme qui s'appelle Romain.) **2.** vrai **3.** faux (Daniel est le lecteur de Romain.) b **4.** vrai

Exercice 5 : **1.** d **2.** a **3.** b **4.** c

Exercice 6 : **1.** s'exclame **2.** voyez **3.** Taisez-vous **4.** est

Exercice 7 : auteur / romans / lecteur / disparu / doublure
Lösung : AMOUR

Exercice 8 : **1.** b **2.** b **3.** a **4.** a

Questions à propos du texte

1. Il écrit des romans d'amour et son éditeur pense que c'est une meilleure idée que le public croie que l'auteur est une femme.

2. Les romans de Romain ont du succès et le public veut rencontrer Lise Bourlin. Mais Romain est un homme, et il n'aime pas les médias : il lui faut donc une doublure féminine.

3. D'après ce que dit Daniel, sa femme a mystérieusement disparu il y a trois ans.

4. Après la disparition de sa femme, Romain a commencé à écrire des romans d'amour sous le pseudonyme de Lise Bourlin.

5. Érica joue les doublures pour financer ses études. Mais on peut aussi s'imaginer qu'elle veut entrer dans le monde de l'édition puisqu'elle écrit elle-même.

6. Monsieur Durand a sans doute renvoyé Érica car il ne veut pas que Romain soit à nouveau heureux : il pense en effet que le malheur et la souffrance rendent les artistes créatifs.

7 Romain a abandonné l'écriture parce qu'il n'apprécie pas les méthodes de monsieur Durand. Romain aime beaucoup Érica et ne comprend pas qu'elle ait été renvoyée.

8. On peut s'imaginer que le lieutenant de police va lui dire qu'il sait où est sa femme. Peut-être a-t-elle été victime d'un crime ou bien a-t-elle changé de vie.

9. À la place de Romain, je ne sais pas ce que je ferais : en effet, Romain a une nouvelle vie et cela va sans doute être difficile pour lui de revenir à l'ancienne. De plus, on ne peut pas savoir ce qui va se passer avec Érica si la femme de Romain est encore en vie.

10. Romain va sans doute attendre avec impatience de rencontrer le lieutenant de police. Si sa femme est encore vivante, alors il voudra la retrouver. Par contre, si elle est morte, Romain risque encore d'avoir un choc, car on peut s'imaginer qu'il espérait encore la voir revenir.

Partie de cache-cache

Exercice 1 : **1.** Antoine est plus petit que sa mère. **2.** Sa mère est plus gentille que son père. **3.** Aujourd'hui Antoine est moins malade qu'avant. **4.** Être malade est moins ennuyeux que d'aller à l'école.

Exercice 2 : **1.** lentement. **2.** rapidement. **3.** froidement **4.** dangereusement **5.** accidentellement **6.** silencieusement

Exercice 3 : **1.** Sa boutique est surveillée par la boulangère. **2.** Des croissants sont achetés par un client. **3.** Antoine n'est pas vu par la boulangère. **4.** Des bonbons ont été volés par Antoine. **5.** Un croissant a été mangé par Antoine. **6.** Les bonbons n'ont pas été payés par Antoine.

Exercice 4 : **1.** pouvoir **2.** prendre soin de faire quelque chose **3.** cacher **4.** haut-parleur **5.** s'occuper **6.** s'apercevoir

Exercice 5 : **1.** si **2.** quand **3.** s' **4.** quand

Exercice 6 : **1.** était **2.** était **3.** devait **4.** suis partie **5.** suis pas allée **6.** voulais **7.** avait **8.** ai donné **9.** s'est endormi **10.** n'étais

Exercice 7 : **1.** enfant **2.** lunettes **3.** crayon **4.** ventre **5.** magique **6.** vêtement **7.** question **8.** carnet
Lösung : Elle est ENCEINTE.

Exercice 8 : **1.** b **2.** c **3.** a **4.** d

Questions à propos du texte

1. Non, Antoine ne simule pas sa maladie, parce qu'elle l'empêche de sortir dehors. Même s'il n'aime pas l'école, il a quand même envie de jouer avec ses amis. Il préférerait être dehors et en pleine santé. Ce n'est pas amusant d'être obligé de rester dans sa chambre.

2. Antoine est un petit garçon qui fait parfois des bêtises. On peut imaginer qu'il a cassé des plantes dans le jardin avec son vélo. Ou bien, sans le faire exprès, il a peut-être cassé une fenêtre en jouant au football. Peut-être que le voisin n'est pas content à cause de cela. Dans tous les cas, Antoine n'a pas fait de bêtise par méchanceté, mais par maladresse.

3. Antoine est un petit garçon malin qui sait profiter des bonnes situations. Comme il mange des bonbons et des croissants, on peut aussi deviner qu'il est assez gourmand. Il deviendra sûrement plus sage en grandissant.

4. Dans la situation d'Antoine, je voudrais aussi commencer par profiter de mon invisibilité. Puis ensuite je m'en servirais pour faire de bonnes actions discrètement, comme par exemple aider des personnes âgées ou éviter des accidents.

5. Oui, ils ont bien réagi. En cas de disparition d'enfant il faut immédiatement prévenir la police et agir le plus vite possible, parce que les chances de retrouver les enfants diminuent très rapidement avec le temps.

6. Lorsque Antoine touche un objet, cet objet devient invisible. Il aurait pu par exemple former des lettres avec des allumettes ou écrire dans du sable ou de la farine. Mais Antoine est encore petit, et dans l'urgence de la situation, il n'a pas eu le temps de réfléchir à tout cela.

7. Un enfant fugue après une dispute avec ses parents, ou bien pour faire du chantage à ses parents. Les adolescents peuvent fuguer pour rejoindre leur amoureux par exemple. En général une fugue ne dure jamais très longtemps : ou bien la police retrouve l'enfant, ou bien il revient lui-même chez ses parents.

8. Les parents d'Antoine avaient peur que le garçon soit jaloux, et qu'il croie que ses parents allaient moins l'aimer. En plus, il était malade ces derniers jours, ce n'était vraiment pas une bonne idée. Il faut aussi trouver le bon moyen de lui annoncer, trouver les bons mots. Ce n'est pas facile.

9. Un grand frère ou une grande sœur se comportent parfois comme les chefs des plus petits. Ils se responsabilisent plus vite car ils jouent parfois le rôle des parents. Et c'est fatigant pour un enfant.

10. Il est possible qu'Antoine ait compris instinctivement que sa mère était enceinte, et toute cette histoire n'est qu'un cauchemar. Son inconscient a travaillé pour lui montrer ce qu'il ne voulait pas vraiment savoir.

Dernière mise au point

Exercice 1 : **1.** tout **2.** tout **3.** tous **4.** toute **5.** toute **6.** toutes

Exercice 2 : **1.** j'ai décidé **2.** j'ai mis **3.** ai entendue **4.** voyais **5.** courait **6.** ai pris

Exercice 3 : **1.** il y a **2.** pendant **3.** dans **4.** depuis

Exercice 4 :

A	Z	C	L	A	S	S	E	R	Y	A
E	R	T	Y	L	K	J	H	G	F	P
E	P	R	O	F	E	S	S	E	U	R
D	E	D	E	V	O	I	R	S	R	R
C	Y	L	F	A	D	E	R	T	U	E
R	U	E	É	C	O	L	E	Y	C	N
T	I	Ç	R	A	F	K	O	L	O	D
V	O	O	S	N	D	E	E	O	U	R
B	P	N	Z	C	A	H	I	E	R	E
L	I	V	R	E	B	U	O	P	S	C
C	O	I	F	S	U	R	G	U	I	P

Exercice 5 : **1.** vieil / vieille **2.** belle / bel **3.** folle / fous **4.** nouvelle

Exercice 6 : **1.** richtig **2.** richtig **3.** falsch (La petite fille photographie l'animal.) **4.** richtig **5.** falsch (Son père est vivant.) **6.** falsch (Elle trouve que c'est la barbe !) **7.** richtig **8.** falsch (Elle est fille unique.) **9.** richtig

Lösung : Elle va mettre la PELLICULE dans l'appareil photo.

Exercice 7 : **1.** Les vacances ne sont jamais assez longues. **2.** On ne peut pas toujours comprendre les mystères. **3.** Est-ce que vous ne croyez pas aux esprits ? **4.** Personne ne connaîtra jamais la vérité. **5.** Certaines choses ne peuvent pas être expliquées.

Exercice 8 : **1.** Valentine va la découvrir. **2.** Demain elle les fera développer. **3.** Son père l'a trouvé. **4.** Elle en a eu peur. **5.** Le squelette y a été trouvé. **6.** Elle n'en parlera à personne.

Questions à propos du texte

1. Je fais le tour des pièces pour déposer mes affaires un peu partout et s'il y a plusieurs chambres, je teste les matelas. Mais je cherche aussi s'il y a des objets oubliés ou même des petits coins cachés où il pourrait y avoir des secrets.

2. Elle aime le jardinage parce que c'est un moyen écologique d'avoir de bons fruits et légumes. C'est aussi une possibilité de passer du temps en plein air et de s'éloigner un peu des obligations familiales.

3. Bien sûr qu'on s'inquiète en entendant un bruit bizarre dans une nouvelle maison pendant la nuit. Une personne plutôt aventureuse se lèverait probablement pour monter, peut-être armée d'un bâton. Mais la plupart des gens auraient sûrement peur et se cacheraient sous la couverture. Cela dépend aussi un peu du type de bruit. Si cela avait été seulement un petit bruit, je serais monté, moi aussi.

4. Peut-être qu'elle a fait disparaître la pelle pour indiquer à la petite fille et à son père qu'il faudrait creuser pour retrouver son corps. Mais le contraire est possible aussi : elle cache la pelle pour qu'on ne retrouve pas son cadavre.

5. Non, je ne crois absolument pas à ces choses-là. S'il y avait vraiment des esprits, des anges-gardiens ou des fantômes, on les verrait plus souvent !

6. C'est un message d'amour des gens qui se promettent de s'aimer pour toute la vie. Virginie était alors une enfant heureuse. Mais le point d'interrogation laisse le nom de la personne aimée inconnue.

7. Oui, il a sans doute entendu des rumeurs qui disaient que les parents avaient tué la jeune fille. Mais il sait que les rumeurs sont souvent des mensonges et qu'il ne faut pas raconter des histoires dont on ne sait pas si elles sont vraies.

8. Oui, parce que même si on ne devrait pas transporter les rumeurs, il faut trouver des informations sur cette Virginie, au moins pour que les apparitions dans l'appareil photo s'arrêtent.

9. Elle aurait sans doute le talent d'être une bonne journaliste puisqu'elle écrit avec passion et qu'elle aime prendre des photos et faire des enquêtes.

10. Sur les photos, Virginie explique sans doute les derniers moments qu'elle a pu vivre, et pourquoi elle a fait appel à notre héroïne pour la trouver. Mais l'héroïne ne nous en parle pas parce que Virginie lui a demandé de ne pas le faire. C'est très sage de sa part de respecter ce vœux.

Test final

Exercice 1 : **1.** enfant **2.** maison **3.** grenier **4.** bouteille **5.** couteau **6.** imagination **7.** fille

Exercice 2 : **1.** journal **2.** lutin **3.** jardin **4.** fille

Exercice 3 : **1.** que **2.** qui **3.** que **4.** qui **5.** qui

Exercice 4 : **1.** tisane **2.** invisible **3.** voleur **4.** crayon **5.** raccrocher

Exercice 5 :

A	I	Q	U	P	F	G	J	I	F
F	I	L	L	E	D	E	U	I	U
O	D	P	A	R	E	N	T	S	G
S	O	E	U	R	D	F	I	L	S
F	N	U	O	B	T	A	N	T	E
R	C	O	U	S	I	N	U	O	P
H	L	D	H	I	O	T	E	B	E
M	E	R	E	S	G	I	O	N	E

Exercice 6 : **1.** as vendu **2.** avez fait **3.** avons dit **4.** a cédé **5.** ai plaint **6.** ont retrouvé

Exercice 7 : **1.** Personne ne peut me voir parce que je suis invisible. **2.** Quand on veut acheter quelque chose il faut payer. **3.** Les parents du garçon sont très inquiets. **4.** placard **5.** Antoine ne peut pas laisser de message.

Exercice 8 : **1.** faux (Elle s'appelle Valentine.) **2.** vrai **3.** faux (La Martinique se trouve dans la mer des Caraïbes.) **4.** faux (Romain aime écrire des romans d'amour.) **5.** vrai

Exercice 9 :

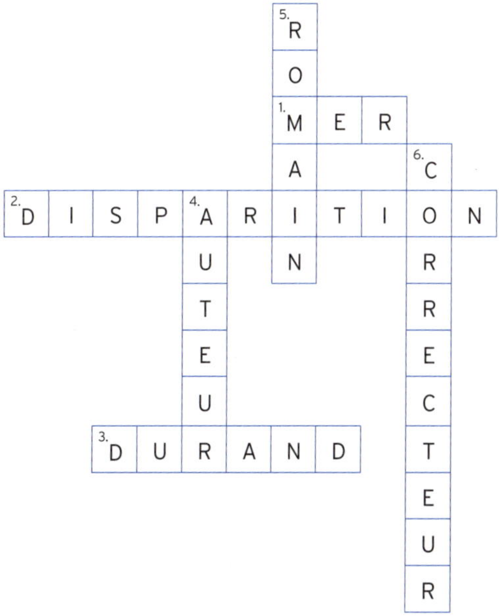

Exercice 10 :

1 F	2 O	3 U	4 I	5 N	6 E	7 C
22 T	23 R	24 A	25 V	26 E	27 R	8 R
21 X	36 L	37 E	38 N	39 F	28 T	9 I
20 E	35 B	42 T	41 N	40 A	29 I	10 V
19 G	34 I	33 S	32 I	31 V	30 N	11 A
18 A	17 R	16 F	15 U	14 A	13 N	12 I

Exercice 11 : **1.** faux (Gérard travaille pour une grande entreprise qui fabrique des jouets) **2.** vrai **3.** vrai **4.** faux (Il ne peut pas l'appeler car son téléphone lui a été volé.)

Exercice 12 : **1.** générale **2.** doit **3.** rencontre **4.** antillaise **5.** seule **6.** remet

Exercice 13 : **1.** Valentine n'a pas peur de la fouine du grenier. **2.** Antoine vole un sac de bonbons parce qu'il est invisible. **3.** Juliette invite Gérard à rester chez elle. **4.** La maison d'édition se trouve à Paris. **5.** Gérard ne vit que pour son travail. **6.** La mère d'Antoine est enceinte depuis trois mois.

Glossaire

à quatre mains *f*	zweihändig
accrocher	befestigen
actionnner	*hier*: betätigen
afficher	*hier*: zeigen
affolé	in Panik geraten, panisch
affronter	gegen jmd. antreten
agacer	auf die Nerven gehen
agiter	schütteln, schwenken
annuler	rückgängig machen
apercevoir *irr*	bemerken, sehen
s'apercevoir *irr*	bemerken
appuyer *irr*	drücken
s'arrondir	rund/dick werden
assorti	zueinander passend, aufeinander abgestimmt
attaché-case *m*	Aktenkoffer
avec précaution	vorsichtig
avoir *irr* du mal à faire qc	Schwierigkeiten haben etw. zu tun
avoir *irr* l'air	aussehen, wirken
balançoire *f*	Schaukel
bégayer *irr*	stottern, stammeln
berger *m* allemand	Deutscher Schäferhund
blague *f*	Spaß, Witz

blême	blass
bord *m*	Rand, Kante
bouchon *m*	*hier*: Stau
bousculer	anrempeln, umstoßen
bouton *m*	Knopf
brigade *f* canine	Hundestaffel
carnet *m*	Notizbuch
carré *m*	viereckiges Feld
cauchemar *m*	Albtraum
Ce n'est rien.	Ist schon gut.
céder *irr*	*hier*: überlassen
cerclé	umrandet
cesser	aufhören
chêne *m*	Eiche
chevelure *f*	Haar
chignon *m*	Dutt
cicatrice *f*	Narbe
comme si de rien n'était	als ob nichts wäre
comme un éclair	blitzschnell
composer	*hier*: wählen
compteur *m*	*hier*: Taxameter
comptoir *m*	Tresen, Theke
considérer *irr* qn comme qc	jmd. als etwas betrachten
console *f* de jeu	Spielkonsole
contrarier qn	jmd. verärgern
coup *m* de téléphone	Anruf
crâne *m*	Schädel
crépiter	*hier*: prasseln
crépu	kraus
creuser	graben

crise *f* de jalousie	Eifersuchtsanfall
débarrasser	*hier*: abräumen
découragé	entmutigt
décrocher	den Hörer abnehmen
dédicace *f*	Widmung
délicat	*hier*: sehr persönlich
délice *m*	Köstlichkeit, Leckerbissen
démissionner	kündigen
démodé	veraltet
déplacer *irr*	beiseite schaffen
désordre *m*	Unordnung
dessiner	zeichnen
détourner	abwenden
détruire *irr*	zerstören
dévorer	verschlingen
discours *m*	Ansprache, Rede
disparition *f*	Verschwinden
drap *m*	Bettlaken
dresseur *m*	(Hunde-)Abrichter
durer	dauern
échelle *f*	Leiter
éclater de rire	in Gelächter ausbrechen
école *f* maternelle	Vorschule (in Frankeich für Kinder zwischen 2–3 und 6 Jahren)
écrit *m*	Schrift, Schrifterzeugnis
effondré	niedergeschlagen
emballage *m*	Verpackung
embarrasser qn	jmd. in Verlegenheit bringen
empêcher qn	jmd. abhalten

employé de guichet *m*	Schalterbeamter
s'emporter	ausrasten
en bataille	zerzaust (Haar)
enceinte	schwanger
encombré	*hier*: vollgestellt
encre *f*	Tinte
s'endormir *irr*	einschlafen
enfant *m* unique	Einzelkind
enfiler	anziehen
enlever *irr*	entführen
enquête *f*	Ermittlung
enterré	*hier*: eingegraben
essuyer *irr*	wegwischen
étaler	verstreichen
étincelant	glänzend
étonnamment	überraschenderweise
être *irr* mal à l'aise	sich unwohl (in seiner Haut) fühlen
être *irr* penché	gebeugt sein
être *irr* planté dans qc	in etw. stecken
être *irr* relié	verbunden sein
éviter qn de justesse	jmd. gerade noch ausweichen können
extraverti	extrovertiert
faible	schwach
faire *irr* demi-tour	umkehren
faire *irr* la sieste	ein Nachmittagsschläfchen machen
faire *irr* pousser	pflanzen
faire *irr* réchauffer	wieder aufwärmen

faire *irr* ressortir	hervorheben, unterstreichen
faire *irr* un bisou à qn	jmd. einen Kuss geben
faire *irr* une fugue	ausreißen
faux-semblant *m*	falscher Schein
fétiche	Lieblings-
fièrement	stolz
file *f*	(Warte-)Schlange
flou	unscharf
foncer *irr* droit dessus à qn	in jmd. hineinrasen
fouine *f*	Steinmarder
four *m* à micro-ondes	Mikrowelle
fournir	beliefern
frigo *m*	Kühlschrank
frimousse *f*	Gesichtchen
fuguer	ausreißen, weglaufen
se garer	parken
gêner	stören
généreusement	großzügig
grenier *m*	Dachboden
grève *f*	Streik
grogner	knurren
gros	dick
guichet *m*	*hier*: Fahrkartenschalter
hausser le ton	die Stimme heben, lauter werden
héberger *irr*	beherbergen
hésitation *f*	Zögern
humide	feucht
impoli	unhöflich
imprimeur *m*	(Buch-)Drucker

intervenir *irr*	einhaken, sich einmischen
invisibilité *f*	Unsichtbarkeit
jaloux	eifersüchtig
jouet *m*	Spielzeug
lâcher	loslassen
laisse (du chien) *f*	(Hunde-)Leine
laisser tomber	*hier*: im Stich lassen
lancer *irr*	*hier*: aufgeben
le cœur léger	erleichtert
le moindre détail	das kleinste Detail
lecteur *m*	(Verlags-)Lektor
Licence *f*	Bachelor
lutin *m*	Kobold, Wichtelmännchen
maigre	dünn
maison *f* d'édition	Verlag(shaus)
malle *f*	Koffer
margelle *f*	Brunnenrand
maturité *f*	Reife
méfiant	misstrauisch
mettre *irr* à la porte	vor die Tür setzen
mise *f* au point	(Blenden-)Einstellung; Klarstellung
se moquer	sich lustig machen
muselière *f*	Maulkorb
nasillard	näselnd
naufrage *m*	Schiffbruch
navire *m* marchand	Handelsschiff
nid *m*	Nest
nocturne	*hier*: nachtaktiv
nulle part	nirgends

obéir *irr* à qn	jmd. gehorchen
os *m*	Knochen
paille *f*	Stroh
partir *irr* en déplacement	*hier*: einen Geschäftstermin außerhalb haben
parvis *m*	Vorplatz
pas *m*	Schritt
passage *m* piéton	Fußgängerüberweg
pelle *f*	Schaufel
pellicule *f*	Film
pendre *irr*	hängen
perturbé	aufgewühlt
physique	physisch, körperlich
pickpocket *m/f*	Taschendieb(in)
pièce *f*	Raum, Zimmer
piéger qn *irr*	jmd. eine Falle stellen
pire	schlimmer
placard *m*	Schrank
portefeuille *m*	Brieftasche
pose *f*	Belichtung
potager *m*	(Gemüse-)Beet
potion *f*	Zaubertrank
poursuivre *irr*	fortfahren
poussette *f*	Kinderwagen
poutre *f*	Balken
précédent	vorhergehend
se précipiter	sich beeilen
prestation *f*	Darbietung, Leistung
preuve *f*	Beweis
profondément	tief

prometteur	vielversprechend
publicité *f*	Werbung
puce *f*	*hier*: Mäuschen
puits *m*	Brunnen
quai *m*	*hier*: Bahnsteig
quatrième *f* de couverture	Buchrückseite
raccrocher	den Hörer wieder auflegen
rallumer	*hier*: wiedereinschalten
rayon *m*	(Verkaufs-)Regal
reboucher	zuschütten, zustopfen
réédition *f*	Neuauflage
régner *irr*	herrschen
regretter	bedauern
renfrogné	mürrisch
renifler	schnuppern, wittern
rentrée *f* (des classes)	Ende der Ferien, Schulanfang
renverser qn en marchant	jmd. umrennen
repas *m* équilibré	ausgewogene Mahlzeit
retentir	ertönen
retrouver la trace	aufspüren
rétroviseur *m*	*hier*: Innenspiegel
réussi	gelungen
réveil *f*	Erwachen
rondouillard	wohlbeleibt
rumeur *f*	Gerücht
salon *m*	Wohnzimmer
serrure *f*	Schloss
signes *m pl* distinctifs	besondere Merkmale
sombre	dunkel

souffrance *f*	Leiden
soulever *irr*	*hier*: hochheben
soupirer	seufzen
successeur *m/f*	Nachfolger(in)
suivre *irr* qn	jmd. folgen
sursauter	aufschrecken
surveiller	überwachen
taper dessus	draufklopfen
temporaire	zeitlich begrenzt
tenter le tout pour le tout	alles auf eine Karte setzen
tiroir *m*	Schublade
tisane *f*	Kräutertee
tronc *m*	Baumstamm
utile	nützlich
viser qc	etw. anpeilen
voleur *m*	Dieb
vu	angesichts
vue *f* aérienne	Luftansicht
wifi *m*	W-LAN

Liste des exercices

Dernière mise au point

Test final

Compact Lernkrimi Classic

Compact Lernkrimi Kurzkrimis

Compact Lernkrimi Lernthriller

	Compact Lernkrimi Classic	Compact Lernkrimi Kurzkrimis	Compact Lernkrimi Lernthriller
A1			
A2		**Mord im Moulin Rouge** ISBN 978-3-8174-7818-7 **Tödliches Rendezvous** ISBN 978-3-8174-7735-7 **Voyage mortel** ISBN 978-3-8174-8545-1	
B1	**Der Schatz des Sonnenkönigs** ISBN 978-3-8174-7416-5 **Der Wein des Verderbens** ISBN 978-3-8174-7558-2 **Tod unterm Eiffelturm** ISBN 978-3-8174-7786-9 **Sammelband 3 in 1 (B1/B2)** **Inspecteur Cliquot ermittelt** ISBN 978-3-8174-7944-3	**Mort d'œuvre** ISBN 978-3-8174-7946-7	**Savoir tuer** ISBN 978-3-8174-8858-2
B2	**Alibi à la carte** ISBN 978-3-8174-7686-2 **Schatten über Montparnasse** ISBN 978-3-8174-7616-9 **Schüsse in Versailles** ISBN 978-3-8174-7617-6		
C1 / C2	**Crimes en Avignon** ISBN 978-3-8174-8542-0		

Compact Lernkrimi
Rätselblock

Compact Lernkrimi
Hörbuch

Compact Lernkrimi
Audio-Learning

Compact Lernkrimi Rätselblock	Compact Lernkrimi Hörbuch	Compact Lernkrimi Audio-Learning	
			A1
Cliquot voit double ISBN 978-3-8174-9156-8	**Le suicide** ISBN 978-3-8174-8265-8		A2
Jeu sans règles ISBN 978-3-8174-8833-9	**Stirb, mon amour!** ISBN 978-3-8174-7745-6	**Tod in Toulouse** ISBN 978-3-8174-7875-0	B1
			B2
			C1 / C2

Compact Lernkrimis auch in Englisch, Spanisch, Italienisch und Deutsch erhältlich.